Carmen Calvo

NOSOTRAS

El feminismo en la democracia

Planeta

Av. Diagonal, 662-664, 08034 Barcelona
www.planetadelibros.com

Iconografía: Grupo Planeta

Primera edición: febrero de 2024
Depósito legal: B. 988-2024
ISBN: 978-84-08-28348-5
Preimpresión: Realización Planeta
Impresión: Unigraf
Printed in Spain – Impreso en España

PEFC Certificado
Este libro procede de bosques gestionados de forma sostenible
PEFC
PEFC/14-38-00305
www.pefc.es

Índice

III. El cuerpo de las mujeres, epicentro de la infamia

IV. Ni un paso atrás: confrontación y propuestas

A mi madre, a mi hija.

A todas las madres, a todas las hijas.

las piedras, que no mueren
pero poseen el poder de
matar

mujeres

aún hoy.*

«La mujer adúltera», Ana Luísa Amaral

* Ana Luísa Amaral, *Ágora,* traducción de Martín López-Vega, Madrid, Sexto Piso, 2023.

INTRODUCCIÓN

En un tren, en el silencio de un vagón una mañana de marzo, me fue inevitable escuchar a dos chicas jóvenes que hablaban de una tercera. Justificaban, muy apenadas, los problemas de una «sofisticada violencia machista» que venía soportando esta tercera amiga con su novio. La conversación —íntima— transmitía una preocupación sincera, pero no dejaba entrever reacción alguna al respecto. No correrían a sacar a su amiga de aquello: asumían resignadas, y hasta con cierta indolencia, aquella realidad ignominiosa, aceptando que así ocurre:

—Él ha pasado una mala racha —aseguraba una de ellas.

Al oírlas, sufrí una crisis de tiempo. Me asaltó la necesidad irreprimible de hacer memoria, profundamente impresionada porque dos mujeres jóvenes, integradas en la sociedad y, según se deducía de su charla, con un buen nivel cultural, disculparan en el año 2023 la actitud inexcusable de un hombre. Aquella escena me afectó de tal forma que decidí escribir sobre la historia política de lo que ha ocurrido con nosotras, con todas las mujeres, con la esperanza de aportar una explicación clara a escenas como aquella, y que evidencian a diario un inmenso retroceso, alguna confusión y mucha desesperación.

Las mujeres debemos seguir consolidando el discurso de nuestra defensa porque hemos de avanzar más rápido y madurar una conciencia feminista colectiva más amplia. Nosotras, todas las mujeres, deberíamos tener claro de una vez por todas que la única respuesta que existe ante la afrenta de un supuesto compañero sentimental es la defensa y el abandono inmediato. La única manera de convertir esta aspiración en norma social pasa por revertir en público y colectivo lo que nos ocurre en privado, en la intimidad. Por nuestro propio bien, y por el de las que vendrán, tenemos el deber moral e histórico de ascender a problema social aquello que continuamente, y de manera tradicional, se ha circunscrito al ámbito de la familia. Para lograrlo, lo primero que debemos hacer es verbalizar nuestra realidad. ¿Y cuál es esta ahora? Que nos siguen asesinando por ser mujeres, que la historia está repleta de mujeres que se han visto en un mal matrimonio, casándose con quienes no querían; que se han quedado embarazadas sin desear ser madres o no han podido abortar; que todas conocemos a alguna mujer víctima de violencia sexual o atrapada en la prostitución, e incluso me atrevo a afirmar que no hay mujer adulta que no haya vivido situaciones de abuso por razón de su sexo, sin contar a las que, por motivos ajenos a su voluntad, jamás han conocido en sus vidas el goce del placer sexual. Lo que ha ocurrido, y sucede con la mitad de la población del planeta, exige más relevancia política. «Lo personal es político», proclamó Kate Millet, recogiendo el legado feminista de Simone de Beauvoir.

Este libro aspira a mirar hondo y largo en lo que nos ocurre a todas nosotras. Es naturalmente deseable que también lo lean los hombres. Este texto cubre diferentes objetivos: aclarar de manera sencilla y amena qué es el feminismo, qué ha sido y dónde está llegando, y aportar, al mismo tiempo, como una hoja de ruta, algunas pinceladas sobre los interrogantes que empiezan a plantearse. Tiene la intención y la peculiaridad de aproximarse a todas estas cuestiones con una mirada poliédrica; a otorgar relevancia a la reivindicación de la autonomía de las mujeres sobre nuestros propios cuerpos. Quiero revisar los avances conseguidos por el movimiento feminista, la actividad desarrollada por los distintos partidos políticos y su responsabilidad en conseguir la igualdad verdadera entre hombres y mujeres. También deseo repasar de forma diacrónica, con la perspectiva histórica que me otorga la experiencia, la praxis política y jurídica del feminismo insertado en la Teoría de la Democracia. Existen libros al respecto, específicos en todas las áreas posibles... Así que no pretendo resultar monotemática: trataré de poner luz en la complejidad de estas cuestiones y de pedir respeto llamando a las cosas por su nombre. Porque somos muchas, estamos conectadas y venimos peleando desde atrás.

Nosotras nace para reconocernos en el tiempo y en el lugar que ocupamos, y es producto de ser un eslabón más de una honrosa cadena, pues aquellas que fueron nos invitan desde sus enseñanzas a plantear un futuro para otras, para las nosotras del mañana. Nosotras, *nosotras* en plural, para salir del singular que nos divide y debilita —sabedoras de nuestra individualidad y de nuestras diferencias—, pero construyendo una nueva fuerza común desde lo colectivo. No somos «la mujer», expresión utilizada demasiado a menudo para confinarnos en el eterno femenino. Somos «las mujeres», distintas y enlazadas por una historia injusta y compartida en todo lugar del orbe y en todos los tiempos de la historia; nosotras, en la conciencia de nuestra existencia y de nuestra genealogía.

Este libro es un humilde intento de explicarnos desde una vida dedicada de lo particular a lo colectivo, a la casa común, al feminismo. No somos el singular, somos el gran plural de la historia humana. No somos un colectivo, somos el único grupo humano que, por número, representa a más de la mitad de la población del planeta. Conceptualmente, nunca podremos ser un colectivo, a diferencia de todos los demás, que, por la misma razón implícita, siempre lo serán. Este libro nace para reconocernos en el tiempo y en el lugar que ocupamos. Es la mirada que he compartido durante muchos años, muchos kilómetros y con muchas de nosotras para hablar de nuestros derechos, de nuestras quejas y de nuestras esperanzas. Sobre todo, hacerlo desde *la red,* anterior a las redes sociales, que hemos tejido en nuestro país para avanzar en verdadera democracia. En este proceso, es importante recordar a las que estuvieron en los momentos más difíciles y a las que abrieron paso y dejaron rastro para hacer más fuerte el espacio que ahora construimos todas y que debemos dejar a las que vengan. El soporte de nuestra existencia, como el de toda la humanidad, es nuestro cuerpo, nuestros cuerpos, en donde se han producido todas las batallas en contra y por nuestra dignidad. Hablamos de los cuerpos de las mujeres adjudicados por la biología a pagar con tantas muertes en los partos para sacar adelante a la especie humana, nuestra mayúscula contribución que continúa hoy en día, especialmente en todas las áreas de pobreza del planeta; cuerpos entregados como mercancías a la prostitución y al servicio de la sexualidad masculina. También hablamos de muertes en abortos clandestinos que hoy todavía son una realidad, de la violencia como fórmula de relación de sometimiento que termina en asesinatos de las mujeres por serlo, de los matrimonios forzados, de la ablación del clítoris como fórmula falsamente cultural de la anulación del placer femenino. Y por si todo esto no fuera, de por sí, espantoso —aunque imprescindible para entender nuestra historia—, ahora el patriarcado y el mercado, en plena sintonía, nos ofrecen la falacia de la mal llamada «gestación subrogada», que no es otra cosa que *alquilar* otra vez nuestros cuerpos.

Porque ahora hablamos de ser dueñas de nuestros cuerpos, de tenerlos a salvo de la esclavitud, de ser usados por y para otro; de tener la suficiente autonomía y seguridad sobre ellos para desarrollar una existencia como ciudadanas de sociedades libres donde se respeten nuestros derechos humanos, los de todas, y con los mismos parámetros que los de los varones. Hablamos de un mundo que entienda nuestras diferencias, los lastres que tenemos aún de la historia vivida, y también de construir una nueva sociedad con nuestra impronta.

El feminismo no es un añadido más a la realización de la idea democrática. Es el epicentro de todo su desarrollo. Si nos atenemos al origen mismo de nuestra existencia, nacemos hombres y mujeres y eso determina el curso de nuestra vida de forma radical. Si ese aspira a ser nuestro punto de arranque, que sea también el punto de arranque de los cambios y de los nuevos acuerdos; acuerdos que deben ser transformadores de toda la realidad porque la realidad está así conformada y determinada, y que deben traducirse en grandes cambios políticos y jurídicos. Feminismo es democracia, y, en el presente siglo, debe ser su núcleo.

EL FEMINISMO EN EL NÚCLEO DEL DEBATE SOBRE LA DEMOCRACIA Y LA IGUALDAD

I

Ciudadanas: femenino plural

El concepto de *ciudadanía* está relacionado, sobre todo, con el de *libertad*. La Ilustración nos prometió la liberación de nuestros cuerpos, pero, en el caso de las mujeres, no cumplió con lo prometido. Hasta finales del siglo XVIII, la estructura social de cualquier país se fundamentaba en tres compartimentos estancos o tres estamentos: la nobleza, el clero y el llamado tercer estado. Entre ellos, apenas se permitía la movilidad social. El más heterogéneo era este último, el tercer estado, en el que se concentraban campesinos, artesanos y burgueses, es decir, los no privilegiados. Me refiero a hombres y mujeres sin representación en los Estados Generales y, por tanto, con escaso poder político o de participación en la esfera pública, y cuya integridad física estaba vinculada, indefectiblemente, a los señores con quienes tenían establecida la relación de servidumbre. La Revolución francesa elevó formalmente a los varones del tercer estado a la categoría de ciudadanos, y les devolvió la pertenencia de sus cuerpos. Sin embargo, con nosotras no ocurrió lo mismo. El patriarcado quedó intacto porque las mujeres no accedimos a esa misma consideración de seres libres.

En el siglo XIX asumimos que queríamos, y debíamos, ser ciudadanas como todos ellos: entendimos que los problemas de las mujeres eran colectivos. Pero aún no había espacios ni estructuras adecuadas a nuestros objetivos; carecíamos de fuerza para lograr cambios definitivos. Las revoluciones modernas lograron que entendiéramos la naturaleza común de nuestras reivindicaciones y creáramos los lugares necesarios para organizarnos. Según la lógica del propio sistema político, tras la Revolución francesa o con la caída definitiva del Antiguo Régimen, esto debiera haber quedado resuelto, pero no fue así, lo que generó una profunda frustración en las aspiraciones de las mujeres que habían participado en el cambio de sistema. Porque, en realidad, uno de los primeros momentos revolucionarios fue protagonizado exclusivamente por mujeres, las vendedoras del mercado de París, que exigieron la reducción del precio del pan, encendiendo, sin saberlo, la mecha de la revolución antes de la célebre toma de la Bastilla. Algo parecido a lo que ocurrió durante la Revolución rusa con el batallón de mujeres que, a las órdenes de Aleksandra Rodionova, bloquearon la circulación de los tranvías para pedir pan en Petrogrado, delante de la Duma, desencadenando una parte de los acontecimientos que condujeron a la caída del zar. En parte gracias a este tipo de sucesos entendimos que éramos un movimiento, que teníamos una posición común; que ser mujeres era tanto o más definitivo que una clase social, como bien advirtió la socialista franco-peruana Flora Tristán.

El feminismo supone la gran laguna en el concepto de ciudadanía que surge con la Revolución francesa; término, el de *ciudadanía,* que diferencia a un individuo moderno de las características que se les atribuían a las personas antes de que aparecieran las constituciones y el Estado representativo. En este sentido, el primer documento constitucional que conoce la historia de la humanidad no es la Declaración de Derechos francesa: hay una carta anterior, concretamente del 12 de junio de 1776, que está considerada la primera del mundo, y que se proclama en el estado de Virginia. En ella se afirma que todas las personas tienen derechos naturales inherentes. Recordemos que es en agosto de 1789 cuando aparece la Declaración de los Derechos del Hombre y del Ciudadano, legado fundamental de la Revolución francesa. Antes de ese momento histórico prevalecen las ideas de esclavo, siervo o súbdito, conceptos opuestos al de ciudadanía. Todos ellos —esclavo, siervo de la gleba en la Edad Media, súbdito de la monarquía...— implicaban una misma cosa: el individuo pertenecía a la persona que encarnase el poder político, hasta el punto de que este podría decidir sobre su vida e incluso sobre su muerte. El caso de los esclavos es el más evidente, pues los patrones podían decidir violar a su esclava, matar a su esclavo, separar una familia... Existía un poder personal por el que los cuerpos de los siervos, los esclavos o los súbditos permanecían vinculados a sus señores como pertenencias. Esta vinculación forma parte de la historia de la humanidad. El gran giro hacia la liberación sucede cuando prospera la idea de ciudadanía. El ciudadano es el que asume de manera autónoma que su cuerpo es suyo y que está libre de cualquier vínculo con cualquier otro. Este es el viraje monumental que se produce en los siglos XVIII y XIX, cuya consecuencia llega a ser, en última instancia, la aparición del movimiento obrero, los sindicatos y la defensa del trabajo como recurso de vida, sin vinculación de las personas, salvo la contratación estricta de las tareas de trabajo.

Debemos tener en cuenta dos cosas fundamentales en este asunto. Por un lado, que en el vínculo entre un varón y otro no entraba en juego la sexualidad, y por el otro, que, en su origen, como expliqué al principio, el concepto de ciudadanía no incluyó a las mujeres. La esencia del vínculo entre esclavo o siervo y señor se hallaba únicamente en el ámbito laboral. «Tú eres mi escudero, mi herrero, mi lacayo, mi cocinero o el capitán de mis ejércitos, y recibirás mis órdenes». Los hombres del pueblo llano negociaron ese nexo hasta librarse de ser propiedad de sus señores. De pronto, la mayor parte de los varones fue libre. Súbitamente, los hombres pobres se plantaron ante los ricos, exigiendo negociar sus condiciones de vida: «Ya no soy tuyo, solo trabajo para ti». «¿Catorce horas por tal salario? De acuerdo. El resto de mi día ya será realmente mío». Ese fue el gran paso en la liberación de los cuerpos de los hombres.

Este es el gran hito que alcanza la humanidad en ese momento: deshacer la pertenencia de los cuerpos a un poder externo a su propia libertad. En el campo o en la fábrica, el patrón o el señor burgués pueden ordenar a sus trabajadores que peguen carteles o ajusten tornillos, tras negociar un sueldo y un tiempo libre. A partir de aquí, el patrón debe olvidarse de sus asalariados, que ya son tan libres como él mismo, y cuyos votos y dinero valen igual, aunque unos sean ricos y otros pobres. La clave del nuevo sistema político era, según el abad Sieyès, firme defensor del tercer estado durante la Revolución francesa, «un hombre, un voto». Y fue literal: *un hombre,* no *una mujer.* Esa es la verdadera liberación, convertirse en ciudadano; que tu cuerpo y tu vida te pertenezcan y tener potestad para negociar los espacios y condiciones donde vincularlos.

El concepto de ciudadanía lleva implícita la idea fundamental de la libertad y de la pertenencia de nuestros cuerpos a nosotros mismos. Como decíamos, de la idea de ciudadanía se excluyó expresamente a las mujeres. Expresamente, sí, porque, aunque las formas políticas hubieran evolucionado y aparecieran nuevos conceptos que han sido luego fundamentales también para nosotras, el patriarcado continuaba. Mientras los hombres llevaban a cabo sus transformaciones, el patriarcado quedaba intacto, así que nosotras, excluidas en un principio, conseguimos ganar la categoría de ciudadanas solo gracias a nuestra propia lucha, la del movimiento sufragista en sus inicios y, a partir del mismo, la del propio movimiento feminista.

Es evidente que las mujeres cargamos con lastres históricos, todos ellos relacionados con nuestros cuerpos, soportes físicos de nuestra existencia. Cuando éramos esclavas, siervas y súbditas, esa falta de poder sobre nuestros cuerpos, sometidos a la voluntad de los señores, comprendía también la extorsión de nuestra sexualidad. No hace falta contarlo, lo sabemos todas: muchas esclavas eran el apeadero sexual de sus dueños. Las mujeres eran violadas con naturalidad. Ni el súbdito ni el esclavo tuvieron la fuerte dependencia de los varones que sufrimos nosotras por razón de nuestra sexualidad, de nuestras propias condiciones fisiológicas. Éramos esposas, madres, prostitutas y, sobre todas las cosas, objetos sin consideración a propósito de nuestra independencia. Accedimos a la ciudadanía tarde, de forma incoherente para ese sistema político tan moderno que se atrevió a hablar de igualdad sin incluirnos a las mujeres. ¿Igualdad para quién? ¿Libertad para quién? ¿Para quién la solidaridad? No para nosotras, desde luego.

Las mujeres aún debemos levantar esos lastres sobre nuestros cuerpos —porque, en muchas formas, siguen vinculados— para llegar a vivir en consonancia con una idea profunda y real de ciudadanía. Aún no hemos logrado ser libres y dueñas de nosotras mismas. Este camino lo recorrieron los hombres bastante rápido en el mundo occidental, si consideramos que el tránsito desde la esclavitud y la servidumbre hasta la ciudadanía lo hicieron en, prácticamente, un siglo, el XIX. Nosotras seguimos en ese tránsito frente a la realidad de los hombres, cuyas vinculaciones personales se limitaron a lo laboral: «Te doy órdenes porque eres herrero; yo, un marqués». Lo cierto es que, en cuanto los hombres negociaron las circunstancias del trabajo y el salario, esa parte del conflicto quedó resuelta. La nuestra, por el contrario, permaneció vinculada *físicamente* al patriarcado a través de la sexualidad, que incluía la maternidad y la crianza de nuestros hijos, al limitar nuestra participación en el espacio público. Recluidas y, en cierto modo, reducidas al ámbito doméstico, nosotras no podíamos disfrutar de la independencia económica ni acceder a nuestros derechos como ciudadanas. Nuestra sexualidad vinculada a la suya contribuyó, por tanto, a perpetuar la disfuncionalidad del sistema, tanto social como políticamente.

Nuestros cuerpos, todavía en los siglos XIX y XX, siguieron vinculados a la pertenencia. La primera pertenencia con la que debíamos romper era la institución del matrimonio; la segunda, la de la limitación de las mujeres al hogar, la restricción de nuestra existencia al espacio de lo familiar y privado. Teníamos que entrar en el espacio público y participar de él desde la política, y para ello debíamos tener derecho a formarnos en escuelas y universidades. Con el voto accederíamos por fin al espacio político, al ágora, y, gracias a la educación, podríamos introducirnos en todos los demás circuitos, colectivos y laborales.

En este momento de la historia seguimos intentando conquistar la ciudadanía plena, cuyo fundamento radica en ser autónomas y dueñas de nuestros cuerpos, ya que todavía no lo somos. El patriarcado nos ofrecía al inicio del Estado moderno, una idea «homogeneizante» de igualdad, que consistía en que las mujeres nos pareciésemos a ellos, a los hombres; que asumiésemos sus valores, sus criterios, sus métodos, que respetásemos sus privilegios... El feminismo irrumpe entonces para dejar claro que exigimos ser aceptadas en nuestra diferencia, y ese cambio de perspectiva ya les resulta más difícil de asumir al sistema y a las estructuras de una sociedad sexista. Parece que se pretenda limitar el discurso relativo a nosotras, a nuestra precariedad, a nuestra posición de víctimas y de subordinación, en otro intento muy sutil de reducir el feminismo a los términos que el sistema y las estructuras plantean.

Es por ello imprescindible modificar el propio concepto de igualdad nacido con la Revolución francesa, cuyos patrones normalizaron un perfil correcto de vida humana, y socialmente considerado superior, que consistía en ser hombre, blanco y propietario. Los demás ciudadanos quedábamos excluidos por ser mujeres, pobres, homosexuales y todos los etcéteras en los que cabe la diversidad humana. Ya en la segunda mitad del siglo XX, el término *igualdad* aterriza al fin en la necesidad de que nos traten a todos por igual, al margen de nuestras diferencias, y por este camino debiéramos haber continuado, el de la denominada «igualdad de oportunidades», que acaba finalmente en la superior idea de *equidad*. Las mujeres queremos entrar con justicia, y en igualdad de condiciones, al espacio de la ciudadanía del que fuimos excluidas de manera ilógica e injusta. Queremos entrar, lógicamente, en calidad de mujeres, justo por serlo. Una auténtica igualdad entre hombres y mujeres no puede obviar, por ejemplo, la maternidad y todas sus consecuencias.

Cuando hoy día Vox afirma que hay que tratar a todo el mundo por igual, y sus parlamentarios insisten en llamarme «presidente» en lugar de «presidenta» en la Comisión de Igualdad del Congreso de los Diputados, por ejemplo, están manifestando esta antigua y excluyente idea de igualdad. En el fondo, que me llamen «presidente», no es otra cosa que la masculinización del concepto, la masculinidad del poder real o simbólico. Como discutir a ese nivel nos coloca en el absurdo, decido llamar, irónicamente, «diputado» a la «diputada» de Vox, por ver si, de esta manera, entiende de qué estamos hablando. Tenemos que defender la idea de la presidencia en términos lingüísticamente neutros, como un neutro para trasladar la idea del derecho de todos y todas a serlo. Deshacer este asunto a nivel conceptual y lingüístico supone desmontar todos los esquemas patriarcales. Porque, como digo, el patriarcado, cuando no le queda más remedio, nos acepta, pero lo hace con sus reglas. Nuestro altavoz, el de las feministas pioneras y las mujeres que hemos accedido a espacios de poder, debe servir a las demás para que tengan claro que, cuando nosotras nos incorporamos al tablero, no tenemos por qué comprar a los hombres ni el tablero ni las fichas. ¿Por qué este tablero? ¿Por qué estas fichas? ¿Por qué estas reglas de juego? Ahí es donde el feminismo cuestiona no las superficies, sino el fondo del sistema. No hemos aceptado un papel secundario en el tablero de juego de la vida ni tampoco podemos permitir que nos sigan haciendo trampas. Al menos ahora discutimos las normas.

Con todo, ¿cuántas veces hemos oído —y esto lo han dicho incluso mujeres— «llegaréis a los puestos cuando estéis formadas, cuando demostréis que servís...»? ¿Cuántas veces nos lo han dicho? Nos han obligado a asumir grandes sacrificios a lo largo de la historia y hemos sido capaces de desestabilizar los privilegios patriarcales. Me refiero con esto a la larga lista de mujeres notables que, con conciencia claramente feminista, dieron la cara. Después de pasar excluidas toda la historia de la humanidad, después de que los libros escritos por hombres detallaran cuál es nuestra naturaleza, llega el momento en el que, por fin, somos protagonistas y dueñas de nuestras propias definiciones, de nuestros propios espacios cívicos, políticos y jurídicos en todas las profesiones. Estamos viviendo una época profundamente poderosa. Es entonces cuando el patriarcado da un nuevo giro de guion y nos dice que vamos a volver a debatir qué es «ser mujer».

Recordemos que se atribuye al escritor Gustave Flaubert la siguiente cita: «Madame Bovary soy yo», y no es casual. Muchos hombres han querido ser mujeres a lo largo de la historia, pues han llegado a envidiar nuestros procesos biológicos, y con esto me refiero a nuestra capacidad para gestar, para parir y amamantar... Y ahora, en el momento álgido de nuestro empoderamiento, han vuelto a la palestra para cuestionar nuestra naturaleza. ¿Qué significa ser una mujer? Por enésima vez, el debate alude a la naturaleza de nuestra identidad, algo que el feminismo de la igualdad no está dispuesto a cuestionar.

El despertar colectivo de la conciencia feminista

El feminismo es consustancial al nacimiento del Estado moderno. Es el gran movimiento político y social que nace de una actitud política colectiva de muchas mujeres; un movimiento al que debemos un profundo respeto histórico y político, ya que es profundamente democrático y progresista. Está vinculado, en origen, a la gran corriente de reivindicación de los derechos humanos, dentro de un proyecto de libertad en condiciones de igualdad. Las feministas nos identificamos con un movimiento que va en progresión absoluta. En él, dejamos de ser singularidades femeninas las que reaccionan contra el sistema y empezamos a reaccionar de manera colectiva, hasta llegar a las democracias del siglo XXI, cuando ya consideramos que es intolerable, inaceptable e incomprensible nuestra situación con la propia democracia. Su sentido es muy amplio, y conlleva un gran propósito que nos ha traído a todas las mujeres adonde nos encontramos en la actualidad.

A lo largo de los siglos XIX y XX, el movimiento feminista decidió estructurarse de forma diferente a como lo habían hecho los sindicatos o los partidos. En las últimas décadas, venimos organizándonos en el mundo de una manera novedosa, mucho menos jerárquica, más abierta. En el feminismo confluimos activistas, mujeres con y sin carnet de partido político, sindicalistas, intelectuales, académicas y mujeres que con intuición de dignidad se llaman feministas también. Esta es una de las claves que se presentan para entender el momento actual. A las mujeres nos gusta mucho el trabajo de abajo a arriba, a diferencia de a los varones. Somos el movimiento moderno en el que las cúpulas de poder existen de manera muy difusa porque su funcionamiento radica en el trabajo de calle, y de base, que cada día llevan a cabo las mujeres en muchos lugares del mundo y, por supuesto, en nuestro país. Su principal cometido es poner el dedo en la llaga de la sociedad y añadir una nueva propuesta de organización al propio sistema político. Tanto los hombres como las derechas democráticas están llamados a la igualdad, pero el feminismo, que contesta a todo un sistema político y económico que arranca en el origen de los tiempos, forma parte de la posición progresista, de la que quiere transformar la realidad sin cortapisas en aras de una verdadera democracia. Quienes piensan que el feminismo en la actualidad consiste en la dicotomía entre «feminismo clásico» y «moderno feminismo» faltan al respeto a la historia de un movimiento igualitario que hunde sus raíces en casi dos siglos y medio de producción teórica y práctica, y de un activismo político monumental.

El concepto de feminismo lo usa ya todo el mundo, lo que tiene la ventaja de ser aceptado y no denostado, como hasta hace muy poco tiempo sucedía. Pero también opera en él un lado negativo, en el que va implícito un desgaste, y vemos cómo experimenta también su contracción postmoderna. «Como tengo mujeres en el partido, soy feminista», piensan algunos. Pero no es así. Sigue habiendo pocas feministas como tales, y siento mucho tener que decirlo.

Las feministas no somos, en absoluto, depositarias de ningún legado inconmovible ni excluyente. Al contrario, queremos impregnar la sociedad y la política de verdadera igualdad entre sexos, premisa que debería convocar a todos los demócratas. El hecho de ser mujer no garantiza, por sí mismo, la ejecución de políticas feministas, simplemente indica la justicia de poder estar, como más de la mitad de la población, en todos los lugares. Para ser feminista —insisto— hay que estar formada en feminismo, como ocurre con cualquier otra denominación o etiqueta. Es una de las grandes posiciones políticas en términos de igualdad y en términos de democracia real. El problema es que a las mujeres se nos ha faltado tanto al respeto que se ha considerado que cualquier presencia de mujer era suficiente. Darle voz al feminismo que reivindico supone hacerlo poderoso, y esto no es solo activismo político, sino también, cada vez más, política institucional. No basta con definirse feminista. El feminismo merece y exige un respeto histórico, intelectual y político, que pasa por reconocer a las expertas en la materia y a la larga lista de mujeres en la historia que han construido el movimiento, y cuyo legado está presente y es reivindicado cada día con más fuerza e ímpetu. Que por fin haya presencia femenina en todos los ámbitos no significa otra cosa que haber pasado página a la primera parte de la ignominia y de la injusticia que suponía que no estuviéramos. Por sí solo, esto no es garantía. La garantía —en la línea en que trabaja el movimiento feminista— es que haya una mujer acreditadamente feminista en cualquier foro de decisión. De lo contrario, tampoco estaremos avanzando.

A los debates sobre feminismo todo el mundo está invitado, pero solo porque sus premisas han sido colocadas ahí con anterioridad por las feministas. Hemos salido a defender el aborto, por ejemplo, al grito de «¡Nosotras parimos, nosotras decidimos!», y lo hemos dicho con conocimiento de causa, porque somos nosotras las que nos quedamos embarazadas y porque la última decisión de lo que va a ocurrir en nuestros cuerpos debemos tenerla nosotras. Ni siquiera tú, que eres mi pareja, la puedes tener. Desde el punto de vista puramente empírico, si nos referimos a una relación heterosexual, no puedes. Tú, por ser varón, ni puedes estar embarazado ni evitar que yo aborte. A los hombres les cuesta todavía mucho trabajo entender la envergadura y volumen de este tema. Tú, hombre, no puedes hacer declaraciones como las del vicepresidente de Castilla y León, de Vox, instándonos a escuchar el latido fetal antes de que nos practiquen un aborto. Fue tan torpe que, además, apostilló: «No sé mucho de embarazos».[1] No necesitamos portavoces,

1. Justo, David, «"No sé mucho de embarazos": la polémica respuesta de García-Gallardo tras el anuncio de sus nuevas medidas antiabortistas», Cadena SER, 13 de enero de 2023. Disponible en <https://

en definitiva; compañeros, sí. Porque los hombres tienen que escuchar e intentar entender lo que estamos diciendo. Han pensado que el movimiento feminista era algo colateral, algo de dimensiones manejables, un añadido al canal de lo que denominamos «sistema político democrático», y no acaban de entender que el feminismo es la revolución cotidiana y continua que está transformando los cimientos del mundo y removiendo los pilares telúricos de cómo la humanidad se ha organizado injustamente contra nosotras. El mundo, siempre diseñado esencialmente por la perspectiva masculina, tiene que cambiar muchos esquemas en su disco duro. La tarea es ardua, y para ello es importante la escucha y no la suplantación.

Para que nos escuchen, aún debe intensificarse la toma de la palabra para las propuestas feministas, porque el machismo estructural sigue estando en la base de la democracia. Hay demasiados hombres que no han hecho el esfuerzo suficiente para pararle los pies al machismo. Son ellos los que deben dirigirse a los hombres más jóvenes, como padres, como amigos, como familia, como compañeros, como adultos... y afearles, por ejemplo, el chiste machista. «¿Qué haces tú contando ese chiste?». Los hombres demócratas deben alcanzar un mayor compromiso por la igualdad entre hombres y mujeres. Baste el ejemplo de la débil respuesta de los futbolistas masculinos, con alguna excepción, a la

cadenaser.com/nacional/2023/01/13/no-se-mucho-de-embarazos-la-polemica-respuesta-de-garcia-gallardo-tras-el-anuncio-de-sus-nuevas-medidas-antiabortistas-cadena-ser/>.

polémica de las campeonas españolas. Con todo, la masculinidad no puede estar en crisis porque nosotras existamos como mujeres en plenitud de derechos. El cambio necesario es respetar y respetar y volvernos a respetar a todas y siempre. Con esto bastaría para encontrar otros cauces de encuentro.

La mayor indignación es contra aquellos que se declaran prescriptores de la feminidad, forzándonos a explicar de nuevo qué es una mujer cuando a ti, como a mí, y como a todas nuestras antepasadas, nos han complicado la vida hasta la extenuación, justo por dar por sentado qué era ser mujer. Tener que aclarar cuál es la lucha del feminismo, mientras vemos cómo su causa se solapa con las de otras minorías, es inaceptable. El movimiento feminista ha estado siempre muy cerca de todos los movimientos que han reivindicado salir de la injusticia en la que nosotras hemos estado y aún estamos. Hemos actuado como vasos comunicantes de los derechos de los menores, de las minorías racializadas, de los colectivos LGTBI, porque ellos también estaban poniendo en jaque mate la idea uniforme de la igualdad. Nosotras, como movimiento, hemos sido siempre solidarias, pero una cosa es que exijamos salir de la injusticia y otra muy distinta que se pretenda incluir a más de la mitad de la población del planeta en el concepto colectivo, o al mismo nivel, porque la mitad de los negros son negras, la mitad de los menores son niñas y la mitad del colectivo LGTBI lo forman mujeres. Luego este planteamiento no resiste un asalto intelectual. Esta fraternidad funciona, pero solo hasta que emergen intereses enfrentados. Si tú defiendes los vientres de alquiler, y el vientre es el de una mujer pobre, no estás en la línea de defensa de los derechos de las mujeres, muy al contrario, entras en la vieja idea de nuestros cuerpos utilizados y mercantilizados.

Para entender todo esto, es imperativo saber de dónde venimos. Debemos saber de dónde partimos y hacia dónde se ha llevado el movimiento. Tenemos el deber de hacer justicia a la realidad, compartiendo el relato del camino que han recorrido las pioneras del feminismo en España y en el mundo. Sin memoria histórica no hay futuro, no hay forma de saber dónde están los objetivos. Cuanto más atrás partas, más lejos podrás llegar. Desde el feminismo, y desde su propia evolución en la historia, estamos proponiendo cambios muy profundos de las estructuras económicas del capitalismo y del patriarcado. Porque capitalismo y patriarcado encajan con gran armonía. Sirva de ejemplo el trabajo sobre la brecha de género en el mercado laboral de la reciente premio nobel de economía, Claudia Goldin, que ha demostrado cómo la maternidad influye de forma decisiva en el mantenimiento de las desigualdades salariales entre hombres y mujeres, y el de nuestra María Ángeles Durán en España.

La teoría en el feminismo y el feminismo político son ámbitos distintos que conviene aclarar, como ocurre en general con la teoría política; es el sempiterno asunto de la política que distingue entre teoría y práctica. El feminismo político existe desde hace mucho tiempo en la historia de nuestro país y en sus ámbitos institucionales, y debemos reconocer el mérito de quienes lo han abanderado, alcanzando hitos fundamentales para la sociedad española. Yo empecé cuando solo tenía catorce años. Desde entonces, he tenido la oportunidad de participar en muchos foros de debate en nuestro país y fuera de él, pero siempre a disposición de los avances prácticos. De esta experiencia he aprendido que los avances del feminismo pasan por el debate político, por los escaños, por gobernar y por tomar decisiones reales y efectivas. Mi opción fue pasar de la teoría a la praxis, porque no nos podemos permitir en los siglos XX y XXI el dislate de pretender avanzar en democracia sin *nosotras,* sin la mayoría absoluta natural que somos las mujeres. En mi propia trayectoria vital y política he tenido la suerte de ensamblar ambos espacios. En general, las teóricas del feminismo participan más de la vida académica, universitaria, que de la vida política. Era muy importante y útil estar como feminista en la política práctica, y en particular en la vertiente jurídica, que es la que nos permite los grandes avances. La lucha por la igualdad ha implicado aceptar la lógica de una igualdad uniformizante al principio para después plantear las especificidades de las mujeres. Esto nos ha conducido a plantear la idea de «la igualdad real», que es la que ha provocado, como era fácil prever, las reacciones más airadas del patriarcado. Basten ejemplos como el de la entrada, por fin, de las mujeres en los cuerpos de bomberos —difícil negarla, dada la igualdad formal—, para que, a continuación, hayan venido a decirnos que los requisitos eran los ya existentes, léanse, los masculinos. Para la lógica del patriarcado, la igualdad significaba que las mujeres hiciéramos de hombres. El feminismo propone y construye que nos incorporemos como mujeres, con todas y cada una de nuestras circunstancias reales y adquiridas, y entonces llegamos al momento en que el patriarcado se defiende y protesta manifestando que eso no es igualdad, que es discriminación. Hubo que construir nuevos conceptos jurídicos y políticos para cambiar este marco mental. Curiosamente vuelve ahora, en un claro ejemplo de reaccionarismo político, cuando las derechas hablan de una igualdad aséptica, sin género que nos retrotrae a la desigualdad original, obviamente para no seguir avanzando. Suena, aunque de manera macabra, eso de «la violencia en general», por opacar la realidad estadística incontable del horror de la violencia machista contra las mujeres. La idea de igualdad es compleja, pues el neomachismo, ese menosprecio camuflado hacia las mujeres que nos invade de la mano de Vox y enmascara un machismo recalcitrante, está generando debates intensos. ¿Qué está ocurriendo, por ejemplo, en la actualidad con los úteros? Que las personas que no tienen uno también lo quieren. Es un deseo, pero no puede ser un derecho porque no es realizable. Es realizable que tú me dejes entrar a mí al tercio de la Legión, porque yo puedo estar en la Legión, pero no lo es que tú puedas traficar con mis órganos. Sin ir más lejos, el Parlamento Europeo ha votado recientemente, con un gran apoyo, a favor de prohibir los vientres de alquiler, considerando la gestación subrogada un tipo de explotación sexual.

Para que los principios políticos y democráticos sean verdaderamente feministas, el siguiente paso a dar es admitir que, al margen de que se pueda ser marginado por otras circunstancias, la primera y determinante discriminación a la que se puede ver sometido un ser humano, en cualquier lugar del mundo y en cualquier época de la historia, es la de nacer hombre o mujer. En la actualidad, algunas constituciones europeas, como la francesa, por ejemplo, ya lo recogen, pero la nuestra todavía no. En nuestro artículo 14 lo que se establece es la prohibición de la discriminación por sexo. Como digo, no es una tesis explicitada en la Constitución, y debe exigirse desde la perspectiva feminista. No basta conformarse con el *totum revolutum* del artículo 14, donde se contempla mezclada con otros tipos de discriminaciones posibles, porque, aunque el sexo no es todo lo que determina una discriminación, sí es lo que origina o agrava todas las demás. Sin duda llegará el momento en que consigamos materializar esta propuesta. Repito que algunas constituciones europeas ya la incluyen, pero como el neomachismo y el patriarcado se sienten amenazados, en este país seguimos encontrando barreras jurídicas para un principio constitucional que afirme con rotundidad que todos los hombres y las mujeres son iguales. El ya mencionado artículo 14 dice, simplemente, que no se podrá discriminar por el sexo, pero de igual forma que por la raza o la religión, como si pudieran parangonarse esas circunstancias que —en realidad y obligatoriamente— se tienen que solapar. Conseguir este avance no será tarea fácil. El patriarcado debe admitir que dentro de una misma religión o en la misma orientación sexual, ante cualquier circunstancia que suponga una potencial segregación, la mujer se encuentra en inferioridad de condiciones, sin duda más discriminada que el hombre por el mero hecho de ser mujer. Esta es la quintaesencia del feminismo jurídico que al Derecho le cuesta mucho reconocer porque supone alterar la percepción de algunos grandes conceptos, lo que genera siempre controversia.

El movimiento feminista surge cuando madura la idea radical de que todos somos iguales. Nace de la idea de igualdad aplicada a nuestra existencia, y se organiza justo cuando se produce nuestra exclusión de la praxis de la igualdad, con la consiguiente frustración que esto genera. Emerge entonces una conciencia contestataria, más grupal a esta exclusión ilógica e injusta. La afirmación del antropólogo y jurista suizo Johann Jakob Bachofen sobre la existencia de una edad remota, idílica y matriarcal es falsa.[2] Aunque hayan existido culturas con un relativo poder en la sombra ejercido por sus mujeres en las élites, dinastías enteras con una matriarca reconocida, como sucedía en el Imperio romano, por ejemplo, nunca llegábamos a emperatrices si no era como consortes. Y si, excepcionalmente, lo conseguíamos, la propia historia se encargaba de silenciarnos o de no contar nuestra existencia. ¿Cuántas faraonas hubo aparte de Cleopatra? Parece que algunas más que la historia oficial no ha contado. Las mujeres hemos tenido que enfrentarnos a los pensamientos reaccionarios de quienes, a lo largo de la historia, nos han condenado a no considerarnos ni seres

2. Bachofen, Johann Jakob, *Das Mutterrecht: eine Untersuchung über die Gynaikokratie der alten Welt nach ihrer religiösen und rechtlichen Natur,* 1861. [Hay trad. cast.: *El matriarcado: una investigación sobre la ginecocracia en el mundo antiguo según su naturaleza religiosa y jurídica*, trad. de María del Mar Llinares García, Madrid, Akal, 1987.]

completos ni ciudadanas ni portadoras de un proyecto personal de vida. Han sido ellos los que han elaborado el relato de nuestra historia, pero la verdadera narración no se ha contado: nosotras hemos trabajado en la construcción de catedrales, hemos ido a la guerra a batallar con los hombres empuñando armas, y no se ha contado. Hemos sido médicas y físicas en las cortes de toda Europa, y apenas se sabe. Se han apropiado del relato de nuestra historia para silenciarnos, pero esa historia ha existido, y debemos recuperarla porque forma parte también de nuestra identidad ahora.

El patriarcado nos quiere víctimas y pioneras. Le encanta señalarnos como pioneras cuando lo somos, y, cuando no lo somos, también, porque siendo así asumes una posición de fragilidad. Pero eso no nos conviene. Nos conviene ser muchas, fuertes; saber quiénes estuvieron antes que nosotras y quién vendrá detrás. Hay que contar la verdadera historia de las mujeres porque hemos participado en casi todo, y esta certeza forma parte de lo que muchos no saben: hay una historia que nos avala, nos respalda, nos precede y nos da fuerza. Al sistema patriarcal no le ha interesado la divulgación de parte de la historia que nos permite un relato distinto de nuestra existencia. En todas las épocas, incluida la Edad Media, que es un periodo muy fragmentado, y especialmente complejo, ha habido también grandes mujeres que empuñaron las armas para defender la independencia de sus pueblos en infinidad de lugares. En todos los casos se vieron obligadas a hacerlo desde posiciones excepcionales o desde una segunda línea para desmontar la regla que pretendían establecer los varones sobre la sempiterna idea de nuestra falta de capacidad. Que las mujeres no alcanzan el poder, incluso que no tienen apetencia de poder y que, además, puede que no sepan ejercerlo si consiguen alguna vez acceder a él son tres de las mentiras primordiales que nos ha instalado el patriarcado.

Es innegable la necesidad de unas relaciones igualitarias entre hombres y mujeres para cuestiones tan fundamentales como, por ejemplo, reproducir la especie. La biología determina la atracción, la emoción, el enamoramiento, la conformación de pareja, la llegada de los hijos al mundo... Y, dentro de esta lógica, resulta imposible que el hombre anule completamente a la mujer, por mucho que disponga de poder formal y político. Porque, más allá de los componentes sociológicos y antropológicos, hay razones biológicas por las que ningunear a todo el sexo femenino supone ir *contra natura.* Es radical y absurdo siquiera pensarlo. A eso ha querido jugar el patriarcado, pero era una hazaña imposible, y es que el patriarcado tiene madre, parejas, hijas, hermanas... Grietas por las que, de vez en cuando en la historia, se han asomado potentísimas personalidades femeninas, aunque ellos se hayan empeñado en seguir ostentando la autoridad oficial. Ha habido culturas enteras donde se ha puesto de manifiesto la madurez colectiva de las mujeres en momentos de crisis y, aun así, a menudo les han impedido dar el salto. Pongamos los ejemplos de las mujeres que sustituyen a los hombres en las guerras. Es fácil sostener la antinaturalidad del patriarcado. En la vida existen las relaciones de dependencia de los hombres hacia las mujeres que son sus madres o hacia aquellas de las que se enamoran, con las que se emparejan o con las que tienen hijos, por lo que las patrañas enraizadas por el sistema patriarcal continúan forzando la vida humana de una manera inaceptable e injusta. Y, sin embargo, no ha habido sociedades matriarcales ni igualitarias. Han existido sociedades o periodos históricos en los que el patriarcado ha sido menos duro, pero en muchos casos no porque existiera una sociedad madura en la que se reconociera a las mujeres, sino porque no les quedó más remedio. Las mujeres que han heredado las coronas no lo han hecho porque estuvieran en primera línea, sino porque eran las únicas disponibles para mantener la dinastía en ese momento y porque, además, existía la posibilidad de que en algún momento parieran un varón.

En España no le hemos dado a esta circunstancia la atención que merece. Sin embargo, en muchos países europeos como Austria, Inglaterra o Rusia sí lo han sabido reconocer, al profesar un tradicional respeto hacia sus reinas y emperatrices. Urraca I de León,[3] sin ir más lejos, fue la primera reina de pleno derecho en toda Europa entre los siglos XI y XII, y también la primera que se negó a volverse a casar, tras un matrimonio fallido, por no perder un ápice de su poder en beneficio de un varón. Mantuvo —eso sí— relaciones extraconyugales con distintos hombres, que les sirvieron para afianzar sus estrategias políticas durante el

3. Anónimo, Urraca I de León, en *Wikipedia.* Consultado en <https://es.wikipedia.org/wiki/Urraca_I_de_Le%C3%B3n>, octubre de 2023.

tiempo que duró su reinado. Isabel I de Castilla, la Católica, otra de las mujeres más interesantes del panorama histórico y europeo, se empeñó en alcanzar el poder con todas las intrigas familiares, incluida la mentira a su hermano, Enrique de Castilla, en el Tratado de los Toros de Guisando. El pacto tras la muerte de su hermano menor y heredero varón, Alfonso, consistía en que ella no se rebelaría contra él y que, a cambio, sería su heredera, apartando del trono a Juana, hija del rey, llamada la Beltraneja, considerada ilegítima por algunos sectores de la nobleza. Negociarían, además, el matrimonio de Isabel. Ella meditó políticamente con quién le interesaba casarse y eligió a Fernando de Aragón, con quien contrajo matrimonio a escondidas de su hermano y a falta de una bula papal, la célebre bula de Simancas, que conseguirían años después y que dispensaba los lazos familiares existentes entre ellos, dotando a su boda de validez religiosa y, por ello, jurídica. Con este matrimonio traicionaba Isabel los acuerdos con su hermano, pero con un innegable talento político alcanzaba la corona de Castilla. Tuvo muy claro que deseaba el poder, para el que igualmente se sintió capacitada, hábil e inteligente, como luego tuvo oportunidad de demostrar. Asumió que sus deseos eran dignos de convertirse en una opción para ella, aunque a las mujeres tradicionalmente se nos haya impuesto siempre la incapacidad para el poder y negado incluso nuestro legítimo deseo de ostentarlo. Que desde siempre se nos han puesto trabas para acceder al poder político, al poder público, estaba claro muchos siglos antes de que Isabel se proclamara reina de Castilla en 1474. Pero debemos subrayar la importancia que precedentes como el suyo han tenido en el devenir de las demás. Ella anduvo el mismo camino que cualquier hombre en su lugar: llegado el caso, mintió y traicionó. Se puso la corona de Castilla y consiguió casarse con el hombre de su elección. Que le gustara o no Fernando es secundario, pues era el que mejor se avenía a su proyecto político de ensanchar la corona castellana. El mismo proyecto por el que insistió tanto en anexionarse Portugal, el mismo proyecto por el que bajó a pelear contra los reinos nazaritas que quedaban en la península. Fernando de Aragón no era un cualquiera, era el heredero de la corona de Aragón. Isabel, en un alarde de admirable inteligencia política, decidió no mezclar su corona con la de Fernando. No las mezcló nunca, hasta el punto de que, al morir, decidió nombrar heredera a su hija Juana, en lugar de a su marido, que la sobrevivió algo más de once años. Fernando tuvo que retirarse a sus dominios porque la corona de Castilla no era suya, era de Juana I de Castilla,[4] la reina cuerda.

El caso de Juana es tristemente conocido y muy significativo de los intentos de invisibilización en aras de las estrategias de poder de los varones que han sufrido muchas mujeres con poder a lo largo de la historia. A la muerte de su madre Isabel, y tras los fallecimientos de su hermano Juan, de su hermana mayor, Isabel, y de su sobrino, Miguel

4. Anónimo, Juana I de Castilla, en *Wikipedia.* Consultado en <https://es.wikipedia.org/wiki/Juana_I_de_Castilla>, octubre de 2023.

de la Paz, que aún no había cumplido los dos años, quedó como legítima heredera de Castilla. Sin embargo, aduciendo a su «inestabilidad mental», los tres hombres más importantes de su vida —su propio padre, Fernando, su hijo, Carlos I, y el cardenal Cisneros— la mantuvieron encerrada en la ciudad de Tordesillas durante cuarenta y seis larguísimos años, hasta su muerte en 1555. A pesar de este encierro, su hijo, el gran emperador, debió seguir firmando en Castilla «Con el permiso de mi madre, la reina», hasta el fallecimiento de Juana. Conscientes de que, en realidad, era la reina legítima, no osaron acabar con ella jurídicamente.

En la Inglaterra del siglo XVI, Isabel I Tudor, Elizabeth, hija del famoso Enrique VIII y de Ana Bolena, actuó del mismo modo que su tocaya la Católica. Se hizo con el trono en perjuicio de su hermanastra, María I, hija de Catalina, la menor de los vástagos que tuvieron en común Isabel y Fernando. La tradición inaugurada por Isabel de Castilla curiosamente encontró su continuación en la implacable hija del marido de Catalina de Aragón. De Catalina, por cierto, repudiada por su marido Enrique VIII, y sin embargo muy querida todavía en Inglaterra, llegó a decir su enemigo, el político Thomas Cromwell, que de no haber sido por su sexo podría haber desafiado a todos los héroes de la historia.[5] Digna hija de Isabel de Castilla.

Elizabeth también tuvo claro que suyo sería el poder,

5. Anónimo, Catalina de Aragón, en *Wikipedia*. Consultado en <https://es.wikipedia.org/wiki/Catalina_de_Arag%C3%B3n>, agosto de 2023.

contra viento y marea, si era necesario, y que sería la única heredera de su padre. Este no es el único paralelismo que podemos establecer entre ambas reinas. El gran proyecto de Elizabeth fue convertir Inglaterra en la primera potencia del mundo conocido, al explotar su poderío naval en detrimento de la hegemonía española. La historia es conocida: todos los piratas ingleses, capitaneados por el corsario Drake (representante oficial de su país al servicio de la reina) consiguieron acabar con la cadena de galeones provenientes de la parte del Imperio español en América. Priorizó de tal manera esta aspiración política sobre la que ella misma se proyectaba que decidió no casarse nunca. Por eso ha pasado a la historia como la Reina Virgen. En un mundo regido por varones, prefirió favorecer un perfil masculino, donde, al parecer, sí había sitio para las relaciones amorosas pero en el que no cabía tener hijos ni entregarse en matrimonio a un hombre, por no dar síntoma alguno de debilidad en su poder institucional como reina de Inglaterra.

Isabel la Católica resolvió este asunto de otra manera. El «tanto monta, monta tanto», que aludía a la igualdad de poder y autoridad entre ambos cónyuges, es muy significativo. Hay evidencias más que suficientes para asegurar que ella puso claros límites a Fernando durante todo su reinado. Al mismo tiempo, asumió que, en un mundo tan masculino, ella no podría batallar. Fue consciente de estar ocupando un espacio reservado a los hombres y demostró una enorme inteligencia al distinguir los lugares donde limar las aristas por el hecho de ser mujer. Frente a la decisión de Elizabeth de no casarse para que no hubiera hombre que la opacase o debilitase, Isabel de Castilla fue aun más allá un siglo antes. Se casó con un gran líder militar, al que, si bien puso barreras políticas, no dudó en convertir en su condotiero de confianza para los ejércitos de la corona castellana. Fernando de Aragón fue el encargado de reforzar su línea de mando militar, tarea para la que, a su vez, llamó a Gonzalo Fernández de Córdoba, el Gran Capitán, un noble culto, valiente y mejor militar que Fernando que llegó a alcanzar el rango de capitán general de los ejércitos de Castilla y de Aragón, y hasta fue nombrado virrey de Nápoles por méritos militares. La complicidad que existió entre la reina Isabel y el Gran Capitán ha pasado a la historia; también los celos de Fernando, cuyos vuelos mentales no alcanzaron nunca los del cordobés, pese a ser un extraordinario estadista, y propiciaron que Su Majestad acabara dejando en el ostracismo al mejor militar de su tiempo. Así fue como el Gran Capitán, el mejor guerrero de la corona, en el que se inspirarían Wellington y el mismo Napoleón, terminó sus días como alcalde de Loja, en Granada, exiliado y ninguneado por los celos del rey. Fernando tampoco reconoció las posibilidades de la expedición ultramarina planteada por Cristóbal Colón, cuyo proyecto ya había sido rechazado por la corte portuguesa. ¿Qué habría sido de la historia moderna sin la confianza y el aval económico que dio la reina a los planes de Colón?

La tercera mujer reconocible en la historia de Europa por su ambición política fue Catalina la Grande, que vivió en el siglo XVIII y construyó la gran Rusia, un territorio genuino a caballo entre el viejo continente y Asia. Nacida en Szczecin, una ciudad de la actual Polonia, y formada en los valores políticos del despotismo ilustrado, se casó con el futuro zar, Pedro III de Rusia. Renegó públicamente de sus orígenes alemanes para abrazar la nacionalidad rusa, llegando a ser acusada de asesinar a su marido por negarse a compartir el poder. Como sus predecesoras en otras coronas europeas, tenía su propia idea política de lo que debía ser Rusia: un proyecto que incluía nada más y nada menos que abrir una salida al mar en Crimea, la misma Crimea que se ha tragado Vladimir Putin. Después del asesinato de su marido no se volvió a casar, pero ejerció el poder en Rusia, como en su momento lo hizo Pedro I el Grande.

Podríamos poner otros ejemplos, pero estas tres reinas en concreto compartieron la convicción de ostentar el poder al estilo masculino. Resultaba más práctico tener amantes. Isabel de Inglaterra y Catalina de Rusia ejercieron el poder sin un marido oficial y formal, con amantes convertidos en lugartenientes como militares de alto rango. Estas tres mujeres ejemplifican a la perfección tres clarísimas ambiciones de poder, con tres proyectos políticos clave en la historia de sus tres países. Por más vueltas que le demos demuestran que sí, que también a las mujeres nos gusta el poder; que sí, que también sabemos desarrollar proyectos políticos; que sí, que conocemos íntimamente nuestras dificultades para avanzar ante el patriarcado, para ejercer un poder de altísimos vuelos, porque se trata, sin duda, de tres potencias indiscutibles. Gracias a ellas —y a más mujeres como ellas—, la idea patriarcal de que somos incapaces (o menos capaces), la creencia de que no tenemos habilidades ni deseos de poder y la convicción de que somos seres incompletos se vienen completamente abajo, como es lógico. Lo más interesante es la doble conciencia que demuestran al querer adentrarse en la agenda oficial del poder de un mundo público, exclusivamente masculino entonces, sin perder de vista en la estrategia política su condición de mujeres. Las tres jugaron muy bien con las reglas de su tiempo, incluso aceptando sin escrúpulos prácticas tradicionalmente legitimadas por y para los varones en el ejercicio del poder, y que hoy en día consideramos delictivas. Sus trayectorias, llenas de inteligencia y sutilezas, sirven de ejemplo para desmontar la idea de que las mujeres no podemos resistir las tensiones del poder.

Es la historiografía, y no una novela, la que nos cuenta que Catalina la Grande, la misma noche en que toda la corte conoce que el zar ha sido asesinado, pide un uniforme militar del Cuerpo de los Cosacos, la caballería ligera rusa. Ordena que se reúnan las tropas más cercanas al Kremlin, las que están protegiendo a la familia real y las dependencias del palacio, y las emplaza a las seis de la mañana en una gran explanada de la ciudad de Moscú. Va a pasar revista como nueva zarina para que quede claro que no va a haber zar, para poner en evidencia en solo cuatro horas que el poder militar es todo suyo. Por supuesto que tiene los arrestos suficientes para dar órdenes militares.

La idea de que lo personal es político es brillantísima y necesaria; no hay nada que esté fuera de la política. Como ya advirtió Aristóteles, los hombres han pretendido ordenar y manipular esta idea al insistir en que es político lo que está en lo público y no va a ser político lo que se encuentra en lo privado. Eso es una ficción muy útil para los intereses de una sociedad sexista. Las mujeres, en nuestro papel de ángeles del hogar, hemos existido fundamentalmente en la parte privada de la vida, al servirnos, como es lógico, de todos los instrumentos a nuestro alcance para desarrollarnos. En algunos casos, hemos sido madres o esposas muy poderosas. Conocemos miles de estos ejemplos en todas las culturas políticas. La novedad a partir del nacimiento del Estado representativo y de la idea de ciudadanía es la apetencia y derecho de detentar el poder en el ámbito político y en primera línea. Kate Millet remató espléndidamente la idea aristotélica de que todo es político, al afirmar que lo personal —y privado—, también.

Cuando las mujeres hemos salido de las feminidades tradicionales, limitadoras y opresivas, hemos abierto enormes campos de actividad y de expresión vital, profesional, artística, creativa... La autoconciencia de ser mujeres no ha entrado en crisis con los cambios. Nos hemos visto pariendo como capitanas de la Legión, presidiendo el Tribunal Supremo... Y nuestra identidad nunca entró en crisis, se expandió la realización de nuestros proyectos vitales. Nuestras vidas se enriquecieron, se volvieron más interesantes, pero no entraron en crisis, si no en una etapa de cambios trascendentales. No habréis escuchado a ninguna mujer decir: «Como ahora soy cabo de la Legión, creo que no puedo tener hijos, porque no sería femenino». Quizá habréis oído que lo deben dejar para más adelante, lo de tener hijos, porque quieren ser tenientes, o que van a tenerlos y ya seguirán avanzando después en su carrera militar. No hemos zozobrado por entrar en los espacios públicos, no nos hemos quebrado. Entonces, ¿qué les pasa a los hombres? Los cambios que deben ejecutar van despacio, cuando no se produce el atrincheramiento para no llevarlos a cabo. Los hombres deben apreciar también las ventajas de vivir la parte de la vida que no han experimentado; conviene a toda una sociedad este entendimiento.

Muchos *se convierten* al feminismo a partir de convicciones profundamente democráticas. Otros se han hecho feministas porque así pueden acceder a espacios donde no encajarían de otra manera. El machismo encubierto continúa, y lo único que propone el feminismo es que actúen como verdaderos demócratas, luchando por la igualdad entre hombres y mujeres. Aunque el feminismo abarca mucho más que la igualdad justa que nos merecemos: conlleva propuestas concretas que a lo mejor tú, hombre, no eres capaz de llevar a cabo porque no has vivido las situaciones de discriminación en tus carnes. En el ascensor profesional y social, las mujeres partimos con dificultades a las que ellos jamás tendrán que enfrentarse. A un hombre nunca le pedirán un test de embarazo negativo para empezar a trabajar. Ellos nunca tendrán que vivir esa realidad. Sin embargo, muchos se hacen feministas, se venden como feministas o te los venden como feministas. Pero no hay hombres feministas, hay hombres profundamente demócratas que saben cómo tiene que alcanzar la democracia el escalón del reconocimiento en igualdad de condiciones de los derechos y de las libertades de las mujeres con relación a los hombres. Con eso es suficiente. Igualdad de posibilidades entre nosotras y ellos, sin trampas.

Sufragio y educación: caminando hacia la igualdad de sexos

Las dos grandes líneas de carácter político y social en el universo del feminismo han sido el sufragio y la educación. ¿Qué ocurrió en el siglo XIX? Nosotras entendimos políticamente que debíamos entrar en los nuevos conceptos políticos de libertad, igualdad y fraternidad. Necesitábamos formar parte del concepto de ciudadanía, convertirnos en ciudadanas. El nuevo orden burgués que se instauró tras la caída de las monarquías absolutas dejó excluidas de los derechos civiles a las clases trabajadoras, y, dentro de estas, a las mujeres. Por eso llamamos a la puerta de la participación política, ya que el movimiento feminista hunde una parte muy importante de sus raíces en el sufragismo. Nos hicimos sufragistas porque entendimos que, si no accedíamos al circuito del poder, quedaríamos definitivamente fuera de la influencia. No podríamos proponer leyes ni reformas ni estar en los debates. Fue entonces cuando demostramos que ya éramos un gran movimiento colectivo con estrategia política e inteligencia demostrada. El proceso se prolongó varias décadas.

La teoría del feminismo aparece mucho antes de que la propia palabra *feminismo* existiera. No existía cuando la escritora Mary Wollstonecraft (1759-1797), una de las primeras escritoras profesionales de la historia y pionera en articular el pensamiento feminista, publicó *Vindicación de los derechos de la mujer*[1] en 1792. En ella defendió abiertamente que tanto los hombres como las mujeres debían disfrutar de los mismos derechos, entre ellos, el de recibir el mismo tipo de educación. Mary rechazó los estándares sexuales, y afirmó con un descaro inusual para la época que en las diferencias de formación radicaban las desigualdades entre sexos. Ante la creencia de que las mujeres nacíamos biológicamente inferiores a los varones, defendió que no era la propia biología la que nos hacía inferiores, sino que era la escasa y deficiente educación que se les proporcionaba la que hacía que las mujeres lo parecieran. Otro de los méritos de *Vindicación* es haberse escrito en respuesta a las afirmaciones del todopoderoso político francés Charles-Maurice de Talleyrand, quien sostenía, enrocado en sus posiciones masculinas, que la única educación que estaban destinadas a recibir las mujeres era la que concernía al espacio doméstico. Wollstonecraft le replicó exigiendo que debían ser las leyes las que dispusieran la educación igualitaria obligatoria, entendiendo que recibir la misma formación que se les proporcionaba a los hombres sería la única manera de conseguir la participación feminista en la elaboración de leyes que po-

1. Wollstonecraft, Mary, *Vindicación de los derechos de la mujer*, Barcelona, Penguin Random House, 2020.

sibilitaran el avance de las mujeres hacia la igualdad definitiva. Únicamente la ley podría acabar con nuestra opresión estructural.

En el camino hacia la igualdad de derechos entre hombres y mujeres emerge el nombre de otra gran feminista, Olympe de Gouges (1748-1793), filósofa, política y escritora de la alta burguesía francesa que acabó guillotinada por defender sus ideas durante el Reinado del Terror de Robespierre. En 1791 publicó su *Declaración de Derechos de la Mujer y de la Ciudadana,* contestando claramente a la de los *Derechos del Hombre y del Ciudadano* salida de la Revolución francesa —y redactada por el marqués de Lafayette (1757-1834)—, que nos había dejado deliberadamente excluidas de tal consideración. El primer artículo de su declaración afirma que «la mujer nace libre y permanece y muere libre en derechos al igual que el hombre».[2] En su defensa de la plena igualdad de derechos entre hombres y mujeres, tanto en la vida pública como en la particular, no se dejó nada en el tintero. De Gouges defendió el derecho al voto de todas las mujeres y nuestro derecho a tener independencia económica. Denunció abiertamente que una Constitución que no tenía en cuenta a las mujeres, la mitad de la población a la que debía representar, no podía caracterizar una realidad social, y que, por tanto, no era válida. La revolución que nos mantenía explícitamente excluidas era una ab-

2. De Gouges, Olympe, *Declaración de Derechos de la Mujer y de la Ciudadana (Textos imprescindibles para la mujer)*, CreateSpace Independent Publishing Platform, 2017.

soluta falacia para nosotras. Así, en el epílogo de su declaración, apremiaba a todas las mujeres a despertar de su letargo para defender con vehemencia nuestros derechos. Olympe de Gouges fue caricaturizada en Francia durante décadas, hasta que hace pocos años se recuperó la importancia de su papel como pionera del feminismo y de la democracia.

En 1832, otra Mary, una mujer llamada Mary Smith, en lucha por conseguir la aprobación del sufragio femenino, pidió formalmente al Parlamento británico que, visto que los hombres y las mujeres se sometían a las mismas leyes e igualmente pagaban impuestos, disfrutaran de los mismos derechos, incluido el de elegir a quienes las representaban. Su reivindicación tampoco prosperó, pero sirvió para roturar el terreno. La primera acción documentada del sufragismo inglés data de 1866, más de treinta años después de que Mary Smith asombrara al Parlamento. El liberal John Stuart Mill, influido por su esposa, Harriet Taylor, firme defensora de los derechos de las mujeres, presentó las firmas de mil quinientas mujeres que exigían la inclusión del voto femenino entre las reformas a las que se estaba sometiendo entonces la cuestión del sufragio. Finalmente se les negó, pero aquella acción acabó germinando en una gran cantidad de pequeñas asociaciones feministas que lucharon por hacer avanzar las posiciones de las mujeres y, con ellas, la democracia, asociándose en su camino a los partidos de corte liberal.

Aunque el sufragismo fue un movimiento internacional, su origen se encuentra en Estados Unidos a mediados del siglo XIX; en concreto, se menciona a modo de manifiesto fundacional la *Declaración de Seneca Falls* durante la primera Convención por los Derechos de las Mujeres, celebrada en 1848 en el estado de Nueva York. Allí, hombres y mujeres liberales reclamaron, con la misma intensidad implícita en la *Declaración de Independencia* de los Estados Unidos de 1776, no solo el voto, sino todos los pasos jurídicos necesarios para hacer efectiva la ciudadanía de las mujeres que les permitiera ser candidatas a unas elecciones, tener sus propios bienes o emprender negocios. Curiosamente, de las doce medidas que se votaron en aquella convención, la única que no se aprobó por unanimidad fue la de voto.

Durante la segunda mitad del XIX, la lucha por un verdadero sufragio universal se extendió a buena parte de Europa, con particular fuerza en los países protestantes, debido a que contaban con unas tasas de alfabetización femenina más altas que en otros lugares. El caso del Reino Unido fue especialmente significativo. Las sufragistas británicas fueron más allá del voto al ampliar sus reivindicaciones al derecho a la igualdad salarial, a compartir con los padres la patria potestad de los hijos e hijas que ellas habían parido, y a poder ejercer como abogadas, fiscales o juezas. Estas mujeres ya eran, a grandes rasgos, trabajadoras también fuera del ámbito doméstico, y residían en ciudades industriales. Sus acciones fueron pacíficas al principio, pero una parte del colectivo acabó siendo acusado de «radical» por causar desórdenes públicos para llamar la atención. Consiguieron ser escuchadas y que cientos de mujeres participaran en sus manifestaciones. No había vuelta atrás.

El camino hacia el voto fue muy duro. A esta parte del colectivo feminista se la conoció peyorativamente como las *suffragettes.* Muchas fueron encarceladas y algunas llegaron a dar sus vidas por la causa. No me canso de reivindicar sus nombres: Emmeline Pankhurst, sus hijas, Emily Davison —que se suicidó para dar visibilidad a sus reivindicaciones, lanzándose bajo el caballo del rey Jorge V durante una carrera en un hipódromo británico—, Millicent Garrett Fawcett, Marion Wallace-Dunlop... La lista es larga. Durante la Primera Guerra Mundial en cambio, la actividad del movimiento bajó considerablemente, pero, una vez concluida la contienda, en 1918, varios países decidieron por fin instaurar el voto femenino. El primer país soberano en hacerlo había sido Nueva Zelanda en 1893, autorizando el voto de las mujeres mayores de veintiún años, tanto colonas como indígenas. Su victoria, sin embargo, no fue completa, pues defendían también su derecho a presentarse como candidatas a las elecciones y no se lo permitieron hasta 1919. Ambos grupos de mujeres, lideradas por la colona Kate Sheppard, llevaron a cabo un extraordinario trabajo conjunto que resultó determinante para presionar al Parlamento y conseguir este primer gran logro feminista. La reivindicación del derecho al sufragio llevó implícita siempre la lucha por la participación plena de las mujeres en la vida pública, el logro de su independencia económica y la erradicación de la violencia machista, así como el acceso de las mujeres a la educación —el analfabetismo era mucho más frecuente en las mujeres— y a los servicios de salud. Todas sus reivindicaciones eran, pues, claramente legítimas y democráticas.

Por supuesto, también hubo participación de las sufragistas en las internacionales socialistas. Las célebres políticas Rosa Luxemburgo y Aleksandra Kolontái —una de las primeras mujeres de la historia en formar parte de un cuerpo diplomático y ostentar el título de embajadora de su país— se enfrentaron a sus compañeros de la izquierda negándose a entender la Revolución como una revolución de los poderes masculinos, al poner en evidencia que los hombres aún no habían entendido las demandas y reivindicaciones de las nuevas líderes políticas. Ahí estuvieron Clara Zetkin,[3] Rosa Luxemburgo y Aleksandra Kolontái, tres grandísimas mujeres, pioneras del feminismo socialista. Tanto Clara como Rosa defendieron con firmeza la entrada de las mujeres obreras en la política. Ellas pusieron de manifiesto que existía entonces una gran diferencia entre el feminismo reivindicado por las mujeres burguesas —las que capitanearon movimientos como el de las sufragistas británicas, por ejemplo— y el feminismo de las obreras, que no podía quedarse al margen de las demandas. Sin embargo, ya antes, Flora Tristán había advertido que luchamos desde las clases sociales, y que las mujeres debemos hacerlo desde el género. En esa superposición sexo-clase que nos hace más fuertes se colocan claramente el feminismo y el feminismo socialista.

En España, intelectuales como la propia Emilia Pardo

3. Además de haber impulsado la lucha por el derecho al voto en Alemania y haber fundado la Internacional Socialista de las Mujeres, es justo recordar que fue Clara Zetkin quien impulsó en 1910 la designación del 8 de marzo como el Día de la Mujer Trabajadora, Día Internacional de la Mujer en la actualidad.

Bazán, Concepción Arenal y, antes que ellas, Josefa de Amar optaron por la educación. El feminismo histórico de nuestro país reclamó que las mujeres debíamos tener derecho a la educación, a la formación y al conocimiento. Pardo Bazán fue la primera catedrática de nuestro país, y lo fue por méritos propios, ya que nunca le permitieron estudiar en la universidad, vetada para las mujeres en España hasta 1910. Fue también una de las primeras escritoras profesionales de la historia de la literatura. Nunca recurrió al anonimato. Hay una anécdota sobre ella. Viajó a un congreso feminista a París, y allí le preguntaron: «Bueno, y, a usted, ¿quién la ha mandado? ¿En nombre de quién viene?». Ella contestó: «Me he mandado yo sola. ¡Yo me mando sola siempre!». Como es lógico, ella también defendió el sufragio de las mujeres, pero, sobre todo, que saliéramos del recinto doméstico al espacio público a través de las escuelas y universidades, de la educación. Algunas teóricas se refieren a Pardo Bazán como una gigante, y así fue, tanto para la literatura como para el feminismo. Es justo decir que su posición privilegiada hizo posible que se atreviera a hacer gala de una libertad inusitada para una dama de su época. Una mujer que no tuvo reparos en reivindicarse como hedonista; que, entre otras virtudes, y según recuerda la académica Marilar Aleixandre,[4] defendió su derecho a expresar su sensualidad, su sexualidad y su deseo, aprovechando para criticar con su ejemplo la doble moral de la época. Consciente y muy crítica con la violencia machista, fue la primera en utilizar

4. Woolf, Virginia, *Una habitación propia,* Madrid, Taurus, 2019.

términos como *mujericidio* o *feminicidio,* al señalar la existencia de un tipo específico de violencia ejercida contra nosotras.

Pardo Bazán defendió el derecho de las mujeres a estudiar para seguir su vocación, no solo para desempeñar su eterno papel de madres y esposas. Se atrevió a traspasar las fronteras que separaban a las mujeres de los espacios tradicionalmente masculinos —el de la enseñanza universitaria fue uno de ellos—, y, de manera coherente con esta posición, reivindicó sin tapujos nuestro derecho al goce sexual. Fue la principal impulsora de la colección La Biblioteca de la Mujer (1892-1914), creada a finales del siglo XIX —y financiada por ella misma— para la difusión de las ideas feministas. Como muchas otras pioneras, sostuvo que la única forma de caminar hacia la igualdad entre hombres y mujeres, y de librarnos de la opresión masculina, era recibir una buena educación y poder acceder a estudios superiores, ignorando los prejuicios morales y legales que lastraban la sociedad.[5]

En cuanto al sufragio femenino en España, la figura más importante es sin duda la de Clara Campoamor. El uno de octubre de 1931 se reconoció por fin nuestro derecho al voto, y 1933 fue el año en que las mujeres españolas por fin pudimos votar. Aquellas primeras votaciones en las que se registró la participación activa de las españolas se celebraron el 26 de marzo en los pueblos de Marmolejo, en Jaén, y Santa Amalia, en Badajoz. Se votó entonces la

5. Burdiel, Isabel, *Emilia Pardo Bazán,* Madrid, Taurus, 2019.

elección del juez municipal. Un mes más tarde, concretamente el 23 de abril, tuvieron lugar las elecciones municipales para la renovación de los concejales elegidos por el artículo 29 de la ley electoral de 1907, y, por fin, en noviembre de 1933, las mujeres de España alcanzamos la justa y anhelada consideración de ciudadanas, votando por primera vez en unas elecciones generales.[6]

6. Lafuente, Isaías, *La mujer olvidada,* Barcelona, Temas de Hoy, 2006.

¿Qué están votando las mujeres en el mundo?

En los últimos años se está tratando de reparar la falta de análisis político que hemos sufrido las mujeres en nuestras posiciones políticas, y que obedecía, una vez más, al análisis neutro llevado a cabo por hombres desde sus propias posiciones, ocupando todo el espacio. Los datos recabados arrojan un voto de las mujeres muy por delante del de los hombres en lo que a opciones democráticas y progresistas se refiere. Esto último es algo extraordinariamente interesante y necesario, precisamente en este momento en que algunos movimientos ideológicos contrarios a la democracia se han visto aupados en las urnas, consiguiendo incluso formar gobiernos tanto en Europa como en América.

En países como Polonia son las mujeres las que están compensando y logrando frenar el avance de la ultraderecha. Las últimas elecciones parlamentarias celebradas en este país lo han puesto en evidencia. Lo mismo ha ocurrido en Hungría, en Brasil y aquí, en España. Los diecinueve escaños que ha perdido Vox en las últimas elecciones generales —casi medio millón de votos— son consecuencia inequívoca del voto de las mujeres, cuyo apoyo a la ultraderecha habría sido decisivo para virar el resultado del lado conservador. Hay que hacer más análisis de este tenor, serían más cercanos a la verdad electoral.

Nuestro comportamiento, el de las mujeres, está siendo mucho más democrático, teniendo en cuenta lo que representan esas opciones en el mundo de los varones. Se pone en evidencia, por tanto, la necesidad de que nosotras mismas llevemos a cabo el análisis sobre nuestro comportamiento político para lograr avanzar en nuestras posiciones. Votamos progresismo porque aún debemos negociar muchas de esas posiciones en las que actualmente nos encontramos. La política es el juego del poder, y, en el poder, si careces de instrumentos, no consigues colocar nada.

Hay un discurso que nos sigue atacando frontalmente. Teniendo en cuenta que ya podemos votar, y que estamos en condiciones de igualdad formal en algunos lugares del mundo —y, en otros, trabajando por conseguirla—, a poco que la democracia nos brinda posibilidades de participación y de uso de los instrumentos de poder, las mujeres damos clarísimos síntomas de cuál es nuestra posición. No hacer autoanálisis nos impide tener conciencia de en qué momento de la lucha feminista nos encontramos. Debemos ganar autoconciencia. El patriarcado siempre ha sabido que debía evitar a toda costa que tuviéramos autoconciencia colectiva, autoconciencia de la posición de poder desde la cual podemos actuar. Por poner un ejemplo muy gráfico al respecto, en la zona más alta del Congreso de los Diputados, tan arriba que, en general, no se sabe que están porque apenas se ven, hay dos estatuas de piedra muy grandes que representan a los Reyes Católicos, Isabel y Fernando. Aunque la corona más importante era la de Castilla, la de Isabel, núcleo en torno al cual años después se aglutinaron los demás reinos para la unidad territorial de España, en esas esculturas quien aparece con la espada, símbolo del poder, es Fernando. Para que se perciba la importancia simbólica de la espada basta recordar que hace pocos meses, durante la ceremonia de coronación de Carlos III de Inglaterra, fue una mujer miembro de la Cámara de los Lores la que portó la espada. Isabel, sin embargo, no la tiene en sus representaciones. Es la negación constante de nuestro poder lo que se pone en evidencia incluso en situaciones donde ese poder es indiscutible. Es la agresión constante, la falta de respeto continua, desde el principio de los tiempos, al liderazgo y al poder de las mujeres.

EL FEMINISMO EN ESPAÑA

II

Nuestra historia, nuestras víctimas

Como hemos dicho, en el caso del feminismo histórico español es especialmente interesante. Emilia Pardo Bazán y Clara Campoamor batallaron en dos momentos distintos el acceso libre de las mujeres a la escuela y el derecho al voto, pero en esta cruzada no estuvieron ni mucho menos solas. Hubo antecedentes notables, entre los cuales se encuentran el pedagogo y sacerdote Fernando de Castro Pajares y Concepción Arenal,[1] la gran abolicionista y precursora de las políticas sociales de Estado. Fue el cambio progresivo en la mentalidad retrógrada de los españoles de la época lo que hizo posible que se empezara a ver con buenos ojos la posibilidad de que las mujeres estudiaran.

En 1870 vio la luz la Asociación para la Enseñanza de la Mujer, gracias al trabajo de Fernando de Castro en coordinación con miembros de la célebre Institución Li-

1. Caballé, Anna, *Concepción Arenal. La caminante y su sombra*, Madrid, Taurus, 2018.

bre de Enseñanza (ILE). Con ella se trataba de disminuir las altísimas tasas de analfabetismo entre las mujeres españolas, y mejorar así sus posibilidades de acceso al mercado laboral. Y es que se deseó poner a su alcance la posibilidad de que recibieran el mismo tipo de formación que se ofrecía a los varones y que determinaba su porvenir. En 1857 se había aprobado la ley Moyano, que permaneció vigente hasta 1970, durante más de un siglo, y que establecía la escolarización obligatoria de todas las niñas de entre seis y nueve años. De alguna manera empezaba a calar el discurso de que sin educar a las niñas sería imposible nuestro progreso como sociedad. La educación que entonces empezaron a recibir estas niñas se limitó a la alfabetización básica, y enseguida se vio que era insuficiente. Al hilo de estas conclusiones, pedagogos como Fernando de Castro aunaron esfuerzos para democratizar la educación superior y hacerla accesible para las mujeres. Bajo su supervisión se sacaron de la universidad las llamadas *Conferencias dominicales sobre la educación de la mujer* (1869). Como expliqué con anterioridad, hasta 1910 la universidad vetó su entrada al sexo femenino, por lo que se entiende que profesores y otros intelectuales dedicaran su tiempo a organizar conferencias cuya temática concernía a las mujeres, pero curiosamente les prohibían la entrada. A este respecto, me gusta recordar el caso de Concepción Arenal, que ya en sus escritos y con su propio ejemplo dedicó su vida a reivindicar la capacidad intelectual de las mujeres. Es sabido que asistió en Madrid a la universidad haciéndose pasar por hombre hasta que la descubrieron, y que, después de someter a examen sus conocimientos y méritos, no les quedó más remedio que aceptarla como alumna. ¡Cómo habría sido de flagrante la injusticia...! Aun así, solo se le permitió asistir a las clases como oyente, y, a pesar de los cuatro años que pasó estudiando, no le permitieron conseguir el título de Derecho, que sin duda merecía. El tiempo así lo demostró. Ella, pese a los obstáculos, no cejó en su empeño de romper barreras. Años después siguió vistiéndose de hombre para acompañar a su marido a las tertulias intelectuales exclusivamente masculinas de su ciudad. Cuando este murió y ya no pudo utilizar su firma para ver publicadas sus obras, fue la de su hijo de diez años la que posibilitó que presentara a concurso un ensayo sobre la diferencia entre filantropía, beneficencia y caridad. Dado el incontestable nivel de su trabajo, mantuvieron el galardón cuando se descubrió que ella era la verdadera autora. A partir de entonces, y gracias a este precedente, la Real Academia de Ciencias Morales y Políticas, responsable de la convocatoria, aceptó que las mujeres pudieran presentarse a estos concursos. Una vez más, Concepción conquistando espacios para todas nosotras. Se resistió a ser arrinconada injustamente por cuenta de su sexo, y nos abrió camino a las que vinimos después.

Fueron muchas las iniciativas que durante este periodo incentivaron por fin el acceso de algunas mujeres a la cultura, como la creación del Ateneo Artístico y Literario de Señoras (1869-1871), con sede en Madrid, de la que se encargaron el propio Fernando de Castro y la escritora y periodista Faustina Sáez de Melgar. La disposición de los mecanismos para que las mujeres tuvieran posibilidad de intercambiar y difundir sus ideas, de entablar diálogos y establecer alianzas entre ellas en tertulias y reuniones, aún limitadas en un principio a las élites burguesas, fueron decisivas para la configuración del carácter de muchas pioneras del feminismo en nuestro país.

El movimiento feminista en España es uno de los patrimonios actuales más valiosos de nuestra democracia, admirado en muchos lugares del mundo tanto por su fortaleza como por los objetivos que consigue. Se inició algo más tarde que en el resto de Europa, a finales del siglo XIX. Como ocurría en la mayoría de países, las mujeres españolas de entonces no podían votar ni ser votadas. Las reformas acaecidas a raíz de la Revolución liberal que tuvo lugar a lo largo del siglo XIX no consiguieron cambiar el papel asignado a las mujeres en el ámbito público ni, por descontado, su consideración de ciudadanas de pleno derecho. El retraso en la industrialización del país y la preponderancia del catolicismo lastraron considerablemente nuestro avance, de tal forma que las mujeres siguieron relegadas al cuidado de la familia, y, si se daba la circunstancia de que formaban parte de los grupos que comenzaron a trabajar también fuera de casa, ocuparon, en la mayoría de los casos, puestos de menor cualificación y salario que sus compañeros varones. Además, con frecuencia, contraer matrimonio suponía para ellas interrumpir de manera definitiva su actividad laboral como trabajadoras por cuenta ajena.

En 1918 se creó en Madrid La Asociación Nacional de Mujeres Españolas (ANME), que llegaría a ser la asociación feminista más importante de España. Esta asociación peleó por la reforma del Código Civil. En torno a ella se articularon las demandas de derechos de las mujeres, entre los que figuraban el derecho al voto y la generalización del acceso de las mujeres a los estudios superiores. Sus fundadoras fueron la maestra, enfermera y periodista Consuelo González Ramos (1877-1956) y María Espinosa de los Monteros (1875-1946), una de las pioneras del emprendimiento empresarial en nuestro país, conocida por haber introducido en España las modernas máquinas de escribir, en las que vio posibilidades para la empleabilidad de las mujeres fuera del hogar. La asociación se extendió por todo el país y aglutinó a mujeres de distintas clases sociales. Se mantuvo al margen de la influencia de la Iglesia y de cualquier vinculación política hasta 1934, fecha en que surgió Acción Política Feminista Independiente, partido feminista que no consiguió afianzarse. Con el estallido de la Guerra Civil, la asociación se disolvió. Durante el primer tercio del siglo XIX, el movimiento feminista demostró que, aunque contábamos con escasa estructura organizativa, habíamos formado ya una doctrina con estrategia interesante, al elegir las piezas clave de acción. Advertimos que, sin formación, no podríamos trabajar fuera de casa, y que, sin trabajar fuera, la independencia económica y la participación política no serían factibles, y eran fundamentales para hacer posible el cambio político y social. De ahí se nutrieron las izquierdistas de la Segunda República.

Me enorgullece recordar que, en nuestro país, curiosamente, la primera mujer ministra que tuvimos fue Federica

Montseny, una anarquista, ministra de Sanidad, cuando se supone que una anarquista no habría aspirado a ser ministra nunca. Ella consiguió que, en 1937, en plena Guerra Civil, se aprobara la primera ley del aborto que tuvimos en este país. Fue ella también quien promovió la creación de centros para la atención sanitaria a prostitutas y su reinserción profesional. Sentimos mucha fuerza cuando nos miramos en precursoras como ella. Con su acceso a la política activa, las mujeres conquistaron derechos laborales y legales que adelantaron nuestras posiciones en la lucha social hacia la justa y verdadera igualdad. Conviene recordar que, en las primeras elecciones a Cortes Constituyentes, celebradas en 1931, las tres primeras diputadas electas de la historia de nuestro país, Clara Campoamor, Victoria Kent y Margarita Nelken, no pudieron votar: fueron elegidas mediante sufragio pasivo, según el cual podían presentarse a las elecciones pero no ejercer su derecho al voto. Nueve mujeres, cuyos nombres debemos reivindicar, fueron finalmente diputadas durante la Segunda República: Julia Álvarez, Francisca Bohigas, Clara Campoamor, Matilde de la Torre, Veneranda García-Blanco, Dolores Ibárruri (Pasionaria), Victoria Kent, María de la O Lejárraga y Margarita Nelken. Hubo entre ellas una política conservadora, Francisca Bohigas, de la Confederación Española de Derechas Autónomas (CEDA), y, sin embargo, se entendieron y fueron plenamente conscientes de lo que entonces se estaban jugando para nuestra entrada en los espacios públicos, en la libertad y derechos. Me gusta recordar que, si bien fue Clara Campoamor la que lideró el debate por el voto de las mujeres, otras como María

Lejárraga defendieron nuestro derecho en escritos como el publicado en la *Revista Crónica* en diciembre de 1931.[2] Escritos que, en su caso, y salvo precisamente este que menciono, solía publicar con la firma del que había sido su marido, Gregorio Martínez Sierra, defendiendo desde su identidad masculina nuestra igual responsabilidad en el gobierno de la República y la vida de la nación. Quién sabe si aquellas afirmaciones habrían tenido el mismo recorrido entonces de haber sido una mujer, en primera instancia, quien las realizara.

El hecho de que incluso siendo diputadas aquellas mujeres no tuvieran reconocido su derecho al voto sirve para calibrar la importancia que la aprobación en 1931 de la Constitución de la Segunda República tuvo para nosotras y para la democracia. Dotó a las mujeres de nuestro país de una posición de igualdad legal que permitió por fin nuestro acceso a espacios de poder nunca hasta entonces alcanzados. En 1932 se promulgó la primera ley del divorcio, fundamentada en el artículo 43 de la Constitución, que también incluía el reconocimiento de la igualdad de derechos dentro del matrimonio para ambos cónyuges. Se reconoció asimismo la igualdad de los hijos, hubieran nacido dentro o fuera del matrimonio, con lo que se favorecía la protección de las madres solteras, gravemente desamparadas por la ley hasta

2. Martínez Sierra, María, «Cuartillas de doña María Martínez Sierra», *Revista Crónica*, 20 de diciembre de 1931, pp. 9 y 10. Consultado en Biblioteca Nacional de España, <https://hemerotecadigital.bne.es/hd/es/viewer?id=016d95f6-aec7-4d73-a9be-69cc91e19206>.

ese momento. La Constitución de 1931 reconoció también la igualdad de derechos laborales a hombres y mujeres, incluido el acceso a cargos públicos. Hasta ese momento, nunca en la historia de nuestro país habíamos avanzado tanto en tan poco tiempo.

Ahora nosotras tenemos la obligación de difundir y recordar con regularidad aquellos hitos que consiguieron las veteranas feministas de nuestro país. Mi generación se nutrió de referentes aislados, las pioneras; vosotras, las nuevas generaciones, contáis ya con una tradición consolidada desde la que mirar al futuro y poder abarcarlo con más herramientas y firmeza.

La Segunda República fue, desde el punto de vista del avance de nuestros derechos, el momento colectivo más importante de nuestra historia, política y jurídicamente. Se hiló entonces una parte sustancial de nuestras demandas. Como es bien sabido, todo se interrumpió de forma abrupta en 1936 con el golpe de Estado contra la democracia. Las mujeres volvimos a nuestras casas bajo las consignas de los ganadores y del nacionalcatolicismo, y fuimos las grandes perdedoras. En concreto, las republicanas fueron doblemente represaliadas: por republicanas y por ser mujeres. Debemos reivindicar sin descanso las inmensas aportaciones de estas mujeres a este gran intento por la democracia en el siglo XX, en el que participaron de todas las formas imaginables las intelectuales, artistas, filósofas y escritoras Maruja Mallo, Concha Méndez, María Blanchard, María Goyri, María Teresa León, María Zambrano... Constituyeron un momento coral de muchas mujeres en posición de referencia social y política para la posteridad.

La toma de conciencia feminista surgió en aquel momento de manera significativa en torno a la Residencia de Señoritas, el centro de estudios oficiales fundado por María de Maeztu en el Madrid de 1915 con el fin de promover el acceso de las mujeres a los estudios universitarios. De ahí surgirían en los años veinte el Lyceum Club Femenino y la Asociación Universitaria Femenina, de las que formaron parte, entre otras, la propia María, Zenobia Camprubí o la periodista Carmen de Burgos, las «maridas» independientes, a las que se refiere la escritora Mercedes Rueda en su libro *El club de las maridas*.[3] Además de formación, la Residencia de Señoritas ofrecía a las jóvenes venidas de otras ciudades, e incluso del extranjero, alojamiento y acceso a charlas y otros seminarios. Estas estudiantes y, en general, todas las mujeres que formaron parte de la generación del 27, y no solo como escritoras, además de inaugurar importantísimos espacios para el diálogo, recogieron el testigo de Concepción Arenal, de Emilia Pardo Bazán y de otras intelectuales. Nació en torno a este grupo la conciencia de una genealogía que hizo patente la necesidad de avanzar para conseguir definitivamente el acceso a espacios que, bien entrado el siglo XX, permanecían vetados para nosotras. Las intelectuales del 27 tomaron como referentes fundamentales a las mujeres de la generación anterior, con Emilia Pardo

3. Rueda, Mercedes, *El club de las maridas*, Jaén, Ediciones Reding, 2018.

Bazán a la cabeza, quien, por cierto, pagó muy caro ser brillante y extraordinariamente libre. Se jactó de su libertad sexual para mantener relaciones semiclandestinas, como la célebre historia con Benito Pérez-Galdós,[4] y se definía como una feminista radical. «Yo soy una radical feminista —llegó a decir—, creo que todos los derechos que tiene el hombre debe tenerlos la mujer».[5] A Pardo Bazán le negaron tres veces el sillón que merecía en la Real Academia Española, pero no era la primera vez que ocurría algo así en esta institución. Años antes, en 1854, ya se lo habían negado a Gertrudis Gómez de Avellaneda, una de las escritoras más importantes de su época, alegando que allí no entraban mujeres, tras haberse postulado ella misma como candidata. Los académicos, al verse ante la posibilidad de que las escritoras accedieran a la institución y al no existir en los estatutos norma alguna que impidiese su entrada, decidieron reunirse para votar, y una mayoría —no todos— votó en contra de que esto sucediera. No se saltaron la norma hasta 1979, con la entrada de la escritora Carmen Conde. Habían pasado más de cien años.

Así como Pardo Bazán reivindicó a Concepción Arenal, Clara Campoamor se encargó de reivindicarlas a ambas. Aquellas mujeres asumieron una conciencia de grupo durante los años veinte y treinta del siglo pasado con la que revelaron una tradición de féminas singulares, excep-

4. Pardo Bazán, Emilia, *Miquiño mío: Cartas a Galdós,* Madrid, Turner, 2020.

5. Woolf, Virginia, *op.cit.*

cionales y poderosas, que se reconocían entre ellas y que, juntas, habían ido haciendo camino para todas. Sus logros las respaldaron. Durante el primer tercio del siglo xx se fraguó la idea de reconocernos las unas en las otras desde una perspectiva intergeneracional. Ese reconocimiento de la tradición feminista tan necesario hoy flaquea, y resulta urgente que sepamos conocer y reconocer la historia de otras, de las que nos abrieron caminos. Las que vinimos detrás sabemos que la fuerza intrínseca a la causa feminista en la actualidad sigue siendo mérito de ellas. Nadie puede pretender que todo nace cuando alguien llega. Debemos llegar todas. Es cuestión de dignidad, la vertiente más íntima y profunda de la posición feminista, y casos como el de Clara Campoamor nos recuerdan que reivindicar la memoria de nuestros referentes de manera sesgada o insuficiente nos perjudica.

Siento que la recuperación de su figura para la causa feminista después del franquismo ha sido insuficiente, que se ha hecho poco y se ha hecho tarde; que es lamentable que hayamos tenido que ser las mujeres quienes lo hiciéramos, tratándose de un personaje fundamental. Se la ha querido ubicar en la defensa del voto de las mujeres, que obviamente es lo más importante, pero no olvidemos que Clara fue una gran política, y una de las primeras que ejerció como abogada en nuestro país. Fue quien llevó a cabo el primer gran discurso abolicionista de la prostitución. A día de hoy, sigue siendo la única mujer que ha intervenido en una ponencia constitucional en España, la única que ha participado en la elaboración de una Constitución, concretamente la de 1931. Formó parte tanto de los debates sobre política social como de los debates presupuestarios. Reducirla a la cuestión del voto femenino es, en cierto modo, invisibilizar parte de su trabajo y de su legado, algo que en ningún caso debemos consentir.

Durante los años veinte y treinta, muchas mujeres se hicieron militantes de izquierdas en este país, y, con las libertades propias de una democracia que había florecido, se afiliaron a sindicatos —algunas en posición de liderazgo, como fue el caso de Virginia González Polo (1873-1923)— o incluso empuñaron las armas en defensa de la República. Pagaron con la vida, el exilio o el ostracismo. Sirvan para ilustrar tal ignominia los exilios itinerantes de la escritora Rosa Chacel y la filósofa María Zambrano, entre otros, o el caso de ostracismo que debió soportar la grandísima traductora Consuelo Berges, íntima de Clara Campoamor. En aquellas posiciones comprometidas, tanto hombres como mujeres pagaron un alto precio, pero siempre con el plus de diferencia aplicado al caso de las mujeres, que, por serlo, con frecuencia soportaban doble castigo.

Fue en esa misma época cuando irrumpieron por primera vez en el debate social y político nuestras propias propuestas jurídicas, marcadas principalmente por la reivindicación de nuestra autonomía e independencia personal. Estas demandas comenzaban por lograr el reconocimiento de nuestro derecho a decidir sobre nuestros cuerpos y nuestras vidas, y en esa dirección se abrían paso los debates sobre el aborto y el divorcio. Hace cien años nuestros objetivos no consistían en luchar por llegar a ser presidentas del gobierno —por desgracia, no podían ser aún tan ambiciosos—, sino que el primer estadio hacia esas aspiraciones pasaba por conseguir libertad social y jurídica para elegir con quién casarnos o decidir permanecer solteras, para plantearnos la maternidad libremente, sin que mediaran coacciones familiares o sociales. Queríamos tener voz, participar en las elecciones, formarnos, ir a la universidad, disponer de un trabajo remunerado... Ser libres para ejercer como ciudadanas de verdad. La vertebración de estas demandas en torno a reclamar el control sobre nuestros cuerpos sigue vigente. La sociedad occidental ha despenalizado el aborto, las mujeres ya no sentimos la presión de casarnos y no hay restricciones por sexo en el acceso a estudios básicos o superiores. Sin embargo, seguimos reivindicando la autonomía del cuerpo femenino, reclamando la abolición de la prostitución y la prohibición de los vientres de alquiler.

Clara Campoamor, Victoria Kent y María de la O Lejárraga abanderaron nuestra lucha en aquel momento, y muchas otras mujeres empezaron a romper cánones. Aunque desde 1910 las mujeres pudieron asistir a la universidad e incluso en siglos anteriores se habían dado algunas excepciones, como las de Beatriz Galindo y Luisa Medrano en el siglo XV, o la filóloga María Isidra de Guzmán en el siglo XVIII, los casos de mujeres con acceso a estudios superiores eran muy inusuales. Sin embargo, durante el primer tercio del siglo pasado, y alentadas por el impulso de las pioneras, muchas más mujeres fueron entrando en las facultades de Medicina, Farmacia, Derecho..., o se matricularon en las escuelas de Ingeniería.

Por primera vez en este país las mujeres no muestran

reparos en reconocer que se quieren divorciar, y empieza el debate sobre abolir la prostitución y reclamar su derecho a la interrupción voluntaria del embarazo. Reivindican su autonomía física, la propiedad de sus cuerpos, y cómo este derecho queda en entredicho cuando nos prostituyen o cuando no podemos negarnos a ser madres; cuando nos sentimos obligadas a casarnos o cuando, como ocurre todavía en muchos países, nos casan a la fuerza o se permiten los matrimonios infantiles. Ellas empiezan a colocar sus cuerpos bajo la esfera de su poder personal, de su libertad y de sus propios proyectos de vida. En estos años arrancan grandísimos debates recogidos en textos que permanecen registrados en el Congreso de los Diputados, y es que, en el marco del feminismo, estas mujeres se organizaron para defender los derechos humanos de las mujeres y, entre ellos, los que afectaban de manera directa a nuestras vidas y nuestra libertad. Años después, el movimiento feminista español fue muy poderoso. Desde el principio de la Transición surgió el concepto de la doble militancia: socialistas feministas o comunistas feministas. No había ni rastro de la derecha. Muchas feministas se quedaron fuera de los dos partidos. Esta doble militancia hizo que nosotras funcionásemos como vasos comunicantes entre el feminismo y las organizaciones políticas. Estábamos dentro de ambos espacios, lo que no es siempre cosa fácil.

Durante los primeros años setenta formé parte, en la clandestinidad, del movimiento feminista, que una vez más se organizó en torno a reivindicaciones relativas a la autonomía de nuestros cuerpos. Nos reuníamos en Sevilla, en la librería Fulmen, una librería feminista especializada en libros de o sobre mujeres que hoy es una fundación que promueve la creación artística con firma femenina. María González, su fundadora, más conocida después como María Fulmen, nos convocaba a tertulias periódicas por las que pasaron la mayoría de las feministas reputadas de este país. Allí funcionábamos como han funcionado todas las vanguardias, pasándonos libros, asistiendo a conferencias y seminarios... En aquellas reuniones empezamos a trabajar a favor del aborto, conscientes de que el país y sus políticos estaban todavía muy lejos de convertirlo por fin en un derecho. Tuvimos que esperar hasta 1985 para que el gobierno de Felipe González lo despenalizara por primera vez, aunque de manera parcial, en solo tres supuestos. La ley del aborto completa, a propuesta del PSOE y en la que trabajamos tres compañeras del partido, Carmen Montón, Bibiana Aído y yo misma, no se afrontaría hasta la llegada del presidente Zapatero y la acción de su gobierno, del que formé parte.

Incluso en la clandestinidad funcionábamos con cierta autonomía. Nos reuníamos para hablar de derribar la dictadura, de la situación de las mujeres, de nuestra falta de libertades y de nuestras aspiraciones. Funcionábamos en cenáculos que entre 1976 y 1979 cristalizaron en torno a la revista *Vindicación feminista*. Creo que debo de ser de las pocas que tiene la colección completa en casa de la que fue, de nuestra historia reciente, la primera revista feminista de creación colectiva de este país. Una joya. La dirigía la extraordinaria Lidia Falcón, y en ella firmaron escritoras como

Maruja Torres, Carmen Alcalde, Ana María Moix, Montserrat Roig o Pilar Aymerich. Pretendíamos promover el debate denunciando la situación de opresión y desigualdad a la que se enfrentaban las mujeres de entonces, no solo las españolas, y facilitar la coordinación entre las diferentes organizaciones feministas que ya existían.

Yo misma —muy joven aún— tuve la oportunidad durante aquellos años de acceder a todos los incipientes círculos de feministas que fueron surgiendo. Junto con otras compañeras fundamos en Montilla, Córdoba, la que creo es la organización feminista más antigua de Andalucía, que incluía a militantes del Partido Comunista y a socialistas. Se llamó Asamblea Feminista de Montilla. De esta realidad de pequeños grupos y asociaciones provenimos muchas mujeres que hicimos el trabajo durante la Transición y entramos en política. En Sevilla recibíamos charlas sobre salud sexual. Ginecólogas feministas, junto con la periodista argentina Leonor Taboada, especialista en salud y sexualidad femenina, impartían talleres sobre cómo tener relaciones sexuales placenteras. Aquellas charlas incidían en que nuestra libertad sexual empezaba por el autoconocimiento de nuestro cuerpo. Nos instruían sobre anticoncepción o reivindicación del placer, y, sobre todo, nos informaban acerca de cómo abortar con seguridad de forma clandestina, que era una de las grandes barreras con las que nos encontrábamos entonces. Nos informaban de cómo viajar a Londres o a otros lugares para poder hacerlo con garantías si lo necesitábamos. Allí empezamos a visibilizar y reivindicar el lesbianismo y nuestro derecho a no ser madres o a divorciarnos.

Hay que tener en cuenta que nosotras salíamos de la oscuridad del franquismo, que había fomentado la ignorancia sexual de las mujeres, la castidad y la represión, la reducción de nuestras vidas al hogar.

Recordemos que España vivió inmersa en el nacionalcatolicismo durante cuatro décadas. Las mujeres debíamos ser puras, castas, fieles, y cualquier comportamiento considerado transgresor a este respecto era socialmente censurado. Debíamos llegar vírgenes al matrimonio, por ejemplo. Para ellos, sin embargo, no se tenía en consideración tal código de buena conducta. Nosotras siempre partimos de siete escalones más abajo que los hombres. Su lucha entonces también era distinta. Mientras ellos se peleaban contra la dictadura para alcanzar el poder, nosotras luchábamos para poder decidir con quién o quiénes acostarnos, o simplemente para no sentirnos forzadas a acostarnos con nadie. No era lo mismo. Nuestra reivindicación se adentraba en nuestra propia situación como mujeres. La palabra *sexo* continuaba siendo tabú, pero nosotras pusimos la sexualidad encima de la mesa, y nos sabíamos de memoria *El segundo sexo,* de Simone de Beauvoir,[6] que era ya un clásico del feminismo.

Hay que tener en cuenta que las mujeres del 27, y, en general, las feministas de la Segunda República, salvo alguna excepción, habían sido audaces, pero en su mayoría prudentes al mostrar su intimidad en público; mujeres que en el terreno de las relaciones amorosas protagonizaron muy

6. Beauvoir, Simone de, *El segundo sexo*, Madrid, Cátedra, 2017.

pocos escándalos. La reivindicación de la libertad sexual es la gran diferencia de aquellas mujeres respecto al grupo de feministas que nos organizamos en España al final de la dictadura. Nuestra libertad, dicho sea de paso, avanzaba muy retrasada respecto a la de las mujeres del resto de Europa. Décadas más tarde nos hemos resarcido, avanzando políticamente en feminismo mucho más deprisa que otras naciones europeas. Sin embargo, entonces, el puritanismo católico nos retrasaba, como también ocurría en Italia. Aspirábamos a la libertad de francesas y alemanas, cuya moral imperante, por otro lado, era mucho más permisiva entonces en materia de las libertades de la que nosotras partíamos. No hay más que preguntar: no es nada extraño, por ejemplo, que cualquier mujer alemana, francesa o sueca de mi edad haya crecido con una madre divorciada. ¿Cuántas españolas de mi generación podrían decir lo mismo? Muy pocas.

A causa de la dictadura, y con relación al resto de Europa, en España avanzamos más despacio hasta los años setenta, pero, después, mucho más deprisa. Desde el principio de la Transición el movimiento feminista hizo que se creara el Instituto de la Mujer, que finalmente organizó Carlota Bustelo en 1983 con redes provinciales. En realidad, no fuimos conscientes entonces de su trascendencia. Generamos un anclaje a partir del que se empezaron a convocar manifestaciones por el 8-M, conferencias feministas... En ningún país de Europa se creó una red de mujeres feministas tan rápido ni que resultara tan eficiente como en el nuestro. Porque crear un Ministerio de Igualdad funcionaba desde arriba, pero lo que nosotras hicimos partía desde abajo, para, desde ahí, extenderse por todo el territorio nacional, formando una enorme red de asociaciones que fue tejiendo nuestra conciencia colectiva. El objetivo era sacar a las mujeres de sus casas y que empezaran a tener vida individual, colectiva y con iniciativa propia. Se formó una cadena maravillosa de mujeres que entendieron que contaban con el respaldo de las asociaciones.

Nunca podemos olvidar a quienes pagaron con sus vidas nuestras primeras libertades. Con el franquismo nos apagaron las luces que habíamos encendido. Las mujeres retrocedieron en España un siglo entero por la dictadura, caídas por haber vivido libres en el interregno de la Segunda República, por haberse casado por lo civil o divorciado cuando pudieron. Sufrieron violencia política, fueron represaliadas y pagaron en paredones, como las Trece Rosas, y en cárceles o en el exilio, como la propia Clara Campoamor y tantas otras, haber sido «rojas», haberse atrevido a ejercer la libertad y la autonomía de vivir como ciudadanas en aquellos breves años de vida democrática en España.

Es de justicia hacer memoria del sufrimiento vivido por las republicanas. Hay ya alguna buena bibliografía sobre el sufrimiento de las vencidas, de las mujeres del bando perdedor que hay que recordar. Las condenaban a muerte sin delitos de sangre, por ser la mujer de un rojo, la hija o la hermana de un republicano... Insisto en reivindicarlas como mujeres de izquierdas, españolas y republicanas. Mujeres libres y modernas, que hablaron ya del aborto y que pagaron con sus vidas. Nosotras tenemos también nuestras mártires políticas y no las hemos honrado lo suficiente. Las ha habido siempre, especialmente desde la Revolución francesa a la actualidad, mujeres en el cadalso por reclamar nuestros derechos. Hoy todo esto continúa en países como Irán o Afganistán y otros, donde la lucha es a costa de sus vidas.

Las que con la Transición pudimos devolver a la carga el movimiento feminista tenemos el deber histórico de hacernos eco de estas mujeres. Nosotras recordábamos que estábamos de nuevo aquí, otra vez, gracias a ellas, al exigir entre otros nuestros derechos al divorcio, al aborto y a la libertad sexual. Nosotras, otra vez, estábamos aquí y hemos tenido la suerte de volver en condiciones mucho más favorables que las que vivieron ellas, porque ya hemos sido diputadas, alcaldesas y concejalas, alcanzando finalmente los espacios de poder institucional. La mano del franquismo fue determinante en la involución que sufrimos las mujeres en las décadas posteriores al dificultar nuestro acceso a la educación universitaria, primando nuestro rol como madres de familia, recluyéndonos en el hogar y haciendo prevalecer el talento masculino. El Estado se hizo confesional, la moral católica promovida por el régimen promocionaba el matrimonio como salida *natural* de nuestras vidas para velar por nuestra honra. «Lo que Dios ha unido que no lo separe la mujer». Un solo hombre para toda la vida y la única obligación de ser buenas esposas. El matrimonio católico, inquebrantable, se hizo obligatorio, y, durante toda la dictadura, fue el único tipo de unión con validez jurídica, lo que suponía una aberración. Eliminaron la opción del matrimonio civil, se invalidaron, de hecho, uniones civiles previas a 1939, y muchas parejas que ya estaban casadas se vieron obligadas a volver a casarse por la iglesia. Los estudios a los que tuvieron acceso las mujeres a partir de entonces se redujeron al mínimo. Toda la educación que se les proporcionaba iba dirigida a su papel como madres de familia. Nuestros deseos se redujeron entonces a conseguir un raquítico baño de modernidad que nos permitiera ir al banco, sacar dinero, tomar decisiones referentes a la crianza de nuestros hijos... Recuperar la mayoría de edad efectiva que nos habían arrebatado, haciéndonos pasar de la autoridad paterna a la de nuestros maridos.

Todo giraba en torno a la lealtad sexual y a que fuéramos operativas en nuestros hogares, al ideal de feminidad promovido desde la Sección Femenina —rama del partido de Falange encargada de controlar la vida de las mujeres— y auspiciado desde el Estado. El franquismo, clasista y patriarcal, se estructuraba socialmente en la familia, el municipio, el sindicato y, por supuesto, la Iglesia. Las mujeres tuvimos que luchar una vez más para recuperar el acceso a la universidad, que se nos había vetado de manera tácita. Levantamos incluso prohibiciones legales, reivindicando nuestro derecho a ser médicas, arquitectas, y, sin embargo, el mensaje social que taladró durante cuatro décadas a las mujeres en este país fue el de que estaban mejor «metidas en casa», haciéndolas responsables incluso de potenciales debacles en la familia ante tamaños descarríos. ¿Cómo íbamos a ser ingenieras y a la vez criar a tres niños? Cuando por fin recuperamos las libertades, llegó el momento de plantarnos y decir en voz alta que a lo mejor ya no queríamos tener tres niños, o que teníamos pareja pero ya no sentíamos ninguna necesidad de casarnos. Con gran esfuerzo fuimos avanzando en la recuperación de nuestra libertad sexual. Estas conquistas iban destruyendo el nacionalcatolicismo especialmente aplicado a las mujeres —una de las señas ideológicas del franquismo—, a la idea de esposa honesta y sexualmente sumisa. El núcleo de la opresión que sufríamos radicaba una vez más en nuestra sexualidad. La salud de los cuerpos de las mujeres era la salud o el bienestar del cuerpo del Estado; las mujeres se concebían como productoras de nuevos ciudadanos para ese estado nacionalcatólico. Así las cosas, nuestro placer trajo de cabeza al nacionalcatolicismo, fue una pesadilla para el patriarcado porque los hombres sabían que, tras la liberación de la mujer, vendría inexorablemente la pérdida de su posición de poder.

La doble militancia: feminismo y política

Soy feminista, socialista y de izquierdas desde que era niña. Mi vocación política se fraguó en mi infancia. Fui feminista antes que socialista; por tanto, una feminista con doble militancia, desde muy jovencita, casi niña, hasta mi llegada a la vicepresidencia política del gobierno más feminista de la historia de este país, en 2018. He tenido mucha suerte por lo vivido personal y políticamente.

Descubrí que era feminista cuando solo contaba ocho años. Fui una niña privilegiada. Mis padres me llevaron a un colegio —privado entonces; hoy, concertado— por aquellos años solo para niñas: el colegio de las Madres Escolapias de Cabra. Un centro de ensueño, con unas instalaciones impresionantes, que era y es un castillo más parecido a Hogwarts que a cualquier otro colegio del país: pistas de tenis, columpios, tobogán y un patio de recreo espléndido. Asistíamos a clase con un uniforme elegante: abrigo de paño azul marino, botones dorados, cuellos blancos... Un día descubrí que había unas niñas en el colegio que no llevaban el mismo uniforme que mis amigas y yo, y que, sin embargo, estaban en el centro. Accedían al colegio, que sigue en funcionamiento y está ubicado sobre una pequeña colina, por una puerta distinta, lejos de la principal. Volví a mi casa sobresaltada y cuando llegó mi madre se lo conté: «¡He visto a unas niñas entrar por abajo, por las catacumbas —así llamábamos a uno de los sótanos del castillo—, y no llevan uniforme! Llevo viéndolas varios días. ¡¿Adónde van esas niñas?!». Mi madre me explicó que eran *las gratuitas.* «¿Y qué es eso, mamá? ¿Qué es? No las veo en el tenis...». Ella me contó que aquellas niñas eran pobres, que no tenían uniforme y que asistían al colegio, pero no pagaban. «Pero ¿en qué clases están?». «Están en otras clases». Al día siguiente bajé a ver dónde estaban aquellas clases y conseguí encontrarlas. Pasaron los meses, y, para la fiesta de fin de curso, las monjas organizaron una representación. Mis amigas y yo llevábamos unos disfraces maravillosos. Recuerdo que yo iba de espiga, con un tutú color amarillo. Éramos la viva imagen de la felicidad, hasta que, en mitad de la comedia que representábamos, vi que las niñas a las que llamaban «gratuitas» estaban sentadas enfrente de nosotras, de espectadoras, y que ninguna actuaba, ninguna participaba en aquel festival. Ese día, con ocho años, se me vino el mundo abajo. Recibí un gran golpe de realidad. Aquello no tenía ni pies ni cabeza. ¿Qué ocurría? Yo nos veía iguales...

¿Cómo era posible? Empecé entonces a observar a aquellas niñas que luego veía por la calle; eran el vivo reflejo de la desigualdad. ¿Qué tenían ellas que no tuviera yo? Una suerte de desigualdad brutal. ¿Qué tenía yo que no tuvieran estas niñas? Empecé a atar cabos y lo comprendí casi todo, en mis pequeñas luces de niña. De repente, mientras me preparaba para la comunión, me explotó en la cabeza toda la catequesis de la madre Margarita: que si la piedad, que si la compasión, que si todos somos iguales delante de Dios... ¿Cómo que iguales? ¿Cómo íbamos a ser iguales? Ese mismo día, yo, que nunca había tenido preocupaciones de corte religioso, dejé de creer. Tuve la suerte de que ni mi padre ni mi madre eran muy ortodoxos en materia de praxis religiosa, con lo cual no me forzaron a nada, y, en aquellos tiempos, ya era un hueco de libertad grande. Recuerdo que dejé de ir a misa los domingos. Hasta entonces, solía ir todas las tardes con mi madrina, una tía mía que no tenía hijos y que al salir de la iglesia me invitaba a merendar y me compraba helados..., aunque realmente nunca fui a misa con la conciencia de que tenía que hacerlo, como las otras chicas de mi entorno.

De repente me di cuenta de que mis hermanos varones vivían con otras coordenadas, y, ya sobre los once años, pese a que no entendía lo que estaba ocurriendo, empecé a alejarme de muchas convenciones. Comencé a incumplir todo el guion y a sentirme cada vez mejor en mí. Había iniciado un proceso de cambio que me gustaba. Tiempo después me mandaron a unos ejercicios espirituales que nunca se me olvidarán, a La Yedra, una pedanía de Baeza, en Jaén. Allí estuvimos cuatro días con un jesuita. Recuerdo que vi a mis amigas y a todo el mundo a mi alrededor en éxtasis, y pensé que había sido muy mala idea ir porque iba a volver todavía peor, y fue precisamente lo que ocurrió: volví con todo muy claro. Agradezco mucho a mi suerte vital lo que ocurrió en aquellos años.

La vocación política no siempre se fragua en la infancia, pero ese fue mi caso. Le dije a mi madre que yo no quería seguir en aquel colegio, que prefería ir al instituto. Al principio no le pareció bien, prefería que siguiera en el entorno conocido, pero tanto ella como mi padre, que eran seres muy especiales —provengo, de hecho, de una familia muy particular—, acabaron accediendo. Esa tarde le pedí dinero a mi madre, me fui sola al fotógrafo del pueblo y me hice fotografías de carnet para completar la matrícula. Aún conservo aquellas fotos, no he querido olvidar por qué me las hice. Después me fui a la secretaría del instituto sin pensar en que allí a mi familia la conocía todo el mundo. «Vengo a matricularme». Cogí los impresos, pegué las fotos, pagué las tasas y volví a casa con toda la documentación. «Me tenéis que firmar aquí», les dije. «¿Ahí, para qué?», y les conté que me había matriculado en el instituto, que en aquellos tiempos ya era mixto. Sola y con doce años, porque tenía clarísimo que quería ir allí donde estaban mis hermanos.

Todos somos producto de nuestras decisiones y experiencias. En el instituto empecé a brujulear cosas distintas a las que había conocido. Tuve la suerte de que mi casa era muy moderna; en ese sentido, provengo de una familia muy atípica. La personalidad fuerte era la de mi madre; mi padre era un diletante exquisito, y alababa constantemente la inteligencia de mi madre. Ella fue maravillosa, un huracán. Le encantaba tener su propio dinero e independencia. Murió con noventa años vanagloriándose de que los méritos que habíamos ido consiguiendo sus hijos eran todos consecuencia de que ella era nuestra madre. «¡De tal palo, tal astilla!», decía cuando alguien por la calle le felicitaba por alguno de nuestros logros. Puede que aquellos vecinos pensaran que con «el palo» se refería a mi padre y no a ella, pero se equivocaban. Recuerdo que una de las últimas veces que la acompañé a misa, aunque ella no creía en nada y comulgaba porque, según decía, había que comulgar porque aquello era un pueblo; estaba allí, sentada en la segunda fila, y de repente vi que el cura terminaba de dar la comunión a todo el mundo y se acercaba a nuestro banco para dársela a ella. «¡Pero mamá...!». «Es que él sabe quién soy yo», me respondió. Fue una mujer espectacular que supo ejercer el poder que tenía. De joven se enfadó muchísimo con sus padres porque pretendían que se casara con un novio fantástico que le había salido, al que ella no quería. Se enfadó tanto que se fue de su casa, a casa de unos tíos que no tenían hijos, se cortó el pelo y se lo tiñó de rubio. Decidió quedarse allí, por si al volver su padre seguía con la idea de casarla, y se hizo peluquera. Siempre mantuvo que había aprendido el oficio sola. Montó su propio negocio, la única peluquería que había abierta como local moderno en toda la provincia de Córdoba. Lo tradicional entonces era que una peluquera fuera a tu casa a peinarte, pero no se conformó con eso. Se jactaba de haber montado un negocio: «Cuando un hombre en el campo ganaba una peseta al día, veinticinco pesetas al mes de sueldo, yo me encargaba los tacones y los bolsos de piel de pitón auténtico a medida en Puente Genil, que me costaban cien pesetas. Por si no te habías enterado», y se reservaba los tacones para darse una vuelta por el pueblo el domingo por la tarde. Destilaba seguridad y, mi padre, inteligencia al admirarla.

Lo que ella hizo fue negarse a pasar por todo lo que pasaban las mujeres casadas en ese tiempo. Me contó que cuando se casó con mi padre ella también tenía dinero, mucho dinero, y eso no era normal. Se fueron a vivir a la casa familiar de mi padre, una gran casa, y cuando se hartó de estar allí, alquiló otra casa, y le dijo que se mudaba con el niño, pero que él era libre de hacer lo que quisiera: irse con ella o quedarse allí. Era una época en la que cualquier mujer que pretendiera lograr un ápice de independencia necesitaba la firma de un hombre, pero es que mi padre estaba absolutamente fascinado por ella; era un hombre inteligente y, en este punto, un adelantado a su tiempo. Yo soy producto de toda esta historia. Recuerdo la tarde en que la llamé, cuando ya tenía ochenta años, y le dije que Zapatero quería llevarme al gobierno y nombrarme ministra. Con esa edad, y en un pueblo, esperaba que me respondiera: «Ay, hija, ¡ministra! ¡Y tendrás que irte a Madrid! La política es muy dura...». No me dio tiempo ni a explicárselo, directamente me dijo: «A ministra no se dice que no». Hay que hacer caso a las madres.

A los trece años estaba leyendo a Simone de Beauvoir y a Engels; salté de las muñecas a la revolución. Me dediqué a leer y a formarme. Poco después de aquello, mi querido compañero se marchó a estudiar a la universidad, y me quedé en Cabra sola. Nos escribimos todos los días durante aquellos años, y continué creciendo comprometida con aquella relación y con mi propio desarrollo. Con quince años comencé a asistir a las reuniones clandestinas de la Junta Democrática de mi provincia. Abrí los ojos muy rápido. Entendí enseguida que debía asumir posiciones antifranquistas, que era legítima la lucha contra la dictadura. Me incorporé al PSOE como feminista y al Gobierno de la Junta de Andalucía con el presidente Chaves. Los titulares de prensa de aquel día fueron: «Una independiente feminista se incorpora al gobierno de Manolo Chaves». En realidad no lo busqué, pero fue fantástico. Este tipo de trayectoria vital no se busca, te llega. Vivía tranquila trabajando como profesora en la universidad —era la Secretaria General de la Universidad de Córdoba—, con mis oposiciones aprobadas, mi tesis defendida... Y me llamó el partido. Me vino muy bien entonces tener la cabeza formateada jurídicamente y toda mi formación feminista. Aquello me permitía ensamblar las piezas casi de manera fácil.

El punto de vista desde el que escribo en términos personales es el de una mujer con una identidad que se ha ido enriqueciendo a través de la experiencia; alguien que ha estado en muchos sitios y que puede integrar toda esa información experimentada desde nuestros orígenes históricos hasta el lugar donde, en este momento, nos estamos batiendo el cobre. Luego he sido vicepresidenta del Gobierno y siempre fui consciente de que el feminismo era la transversalidad de toda la acción de gobierno. Pienso que ayudé a colocar el feminismo en la agenda política del Estado, algo por lo que las feministas veníamos luchando desde hacía décadas, y pude vivirlo —insisto— tanto en el gobierno de

José Luis Rodríguez Zapatero, como con posterioridad en el de Pedro Sánchez, ayudando a transformar desde allí no solo el PSOE, sino también la acción de gobierno, haciendo poderoso al movimiento feminista dentro de los principios ideológicos del partido.

He procurado, durante toda mi trayectoria política, mantenerme a la altura de mis responsabilidades en la doble militancia y actuar en consecuencia, hasta el fatídico día en que no pude apoyar una ley de mi partido porque precisamente mi doble militancia me obligaba a elegir. Ese día no solo preferí el compendio de ideas y todo lo que representa el movimiento feminista desde un punto de vista histórico y político, sino que me elegí a mí, modestamente; elegí aquello por lo que llevaba luchando una vida entera. Por eso este libro se titula *Nosotras.* No hubo reconsideración posible, desde mi mirada éramos *nosotras.*

Durante mucho tiempo he trabajado con Pedro Sánchez, y nos conocemos muy bien, también en lo personal; hemos pasado por mucho y políticamente nos entendemos. He de decir, en honor a la verdad, que nadie en mi partido me pidió explicaciones ni me reprochó nada, más allá de la lógica consecuencia de la multa disciplinaria de grupo; de otra manera, no habría forma de organizar el Parlamento y gobernar. Todos conocemos bien esa regla, esa necesidad. No me hice feminista dentro del PSOE porque eso fuera a funcionar dentro del partido. Era feminista y llegué al PSOE. Desarrollé mi trabajo dentro del partido a nivel orgánico y a nivel institucional simplemente porque, en un momento determinado, me llamaron Manuel Chaves,

Zapatero y, más tarde, Pedro Sánchez. Ayudé entonces a abrir un espacio continuo de discurso transversal del feminismo en las políticas de gobierno, del partido. Logramos entre muchas situar el feminismo en el centro de la política; yo quería formar parte de ese giro, junto con otras compañeras, grandes nombres del feminismo socialista.

He vivido mucho políticamente y a los niveles más altos. Comprendo bien, por tanto, el funcionamiento del juego de la política. Para ganar en este tablero hay que jugar con nuestras armas y también con las de ellos, y eso es algo que todavía no hacemos del todo. Siempre hay quienes siguen ancladas en el feminismo que denomino «femenino», manteniendo posiciones y valores que no supongan inquietud. Si quieres ganar la partida debes adquirir, a este nivel, otro tipo de valores. Incluso para luego derribarlos, primero tienes que saber ejercerlos, porque ahí es donde los hombres nos ganan la mano siempre: todavía dominan el método y las reglas.

Este giro de nuestro comportamiento y perspectiva sigue pendiente, y no se ha generalizado entre las mujeres que nos dedicamos a la política. No es fácil. Se necesitan años de experiencia para conocernos lo suficiente a nosotras mismas, para saber distinguir lo que es nuestro de lo que adquirimos, y discernir la mejor manera de colocar las piezas más modernas. Todavía es muy difícil. Es estrategia política, y queda por andar.

Feminismo jurídico: las leyes del feminismo socialista

Hablar del feminismo jurídico es fundamental porque en las sociedades contemporáneas, en el Estado de derecho, en las democracias constitucionales, el binomio política-derecho es el que construye la realidad. No hay nada efectivo en política si no es transformado en ley de obligado cumplimiento.

Cuando, con el feminismo político y el feminismo social, el activismo cogió vuelo, había que tener claras dos cosas: no ser un partido sino un movimiento y que apenas hay grandes partidos feministas en el mundo. Es indudable que las leyes feministas sacadas adelante durante los mandatos del PSOE han servido para apuntalar el feminismo en nuestro país en las últimas décadas. El feminismo no ha conseguido organizarse con estructuras tradicionales como son los partidos. Es un movimiento mucho más amplio, mucho más informe; una fórmula de activismo sin los corsés que, por lo general, limitan un partido político en cualquier lugar del mundo. Pero sí hemos sido conscientes de la necesidad de organizarnos; de lo contrario, habría sido imposible alcanzar el poder por la vía política, y sin el poder no habría modificación legal. En el caso español ocurrió algo muy interesante. El PSOE, que entiende la importancia del feminismo para la democracia, puso sus escaños al servicio del desarrollo político-jurídico del movimiento español, algo extraordinario si lo comparamos con lo ocurrido en el resto de Europa. El feminismo en España es el mejor pertrechado de todo el continente, al menos hasta el momento. Por eso en Europa a menudo nos preguntan qué hemos hecho las españolas para estar así de organizadas, avanzando tanto. La razón de este progreso ha sido, sin duda, la existencia de vasos comunicantes entre el partido y el movimiento, la conciencia tan rápida que las mujeres españolas hemos alcanzado al construir la democracia. De modo que, si otros países europeos no tuvieron el retraso de nuestra larga y dura democracia, las españolas después hemos avanzado más rápido.

Una parte notable del movimiento feminista español —en términos generales— miraba al PSOE como su instrumento político, pero también como elemento para su transformación jurídica, algo que resultó fundamental. La posición jurídica del feminismo debía cumplir, entre otras muchas, dos tareas muy importantes: la primera, desmontar las discriminaciones legales establecidas por el patriarcado contra las mujeres, es decir, hacer caer todas y cada una de las prohibiciones y limitaciones a las que nos veíamos sometidas por razón de nuestro sexo, que iban desde no poder desarrollar derechos que los hombres ya tenían reconocidos hasta restricciones para acceder a espacios que tradicionalmente eran masculinos, como, por ejemplo, a las Fuerzas Armadas. Basta poner el ejemplo del código penal franquista, en el que los hombres no eran adúlteros; solo existían las «adúlteras». La obligación de fidelidad monogámica se reservaba para las mujeres. Si se daba una infidelidad, las mujeres incurríamos en un delito por el que se nos retiraba la tutela de nuestros hijos e hijas. Así las cosas, vale la pena recordar que, en noviembre de 1976, más de mil mujeres se congregaron en Barcelona al grito de *«Jo també sóc adultera»* para reclamar el fin de este delito y la amnistía para las mujeres condenadas por adulterio.[1] El feminismo jurídico entró a desmontar todas las discriminaciones por sexo; ardua tarea que persiste en muchos lugares del mundo para nosotras, la denominada «igualdad formal» o «legal».

Había un segundo aspecto de lo que llamamos «feminismo jurídico», también capital: la construcción de las posiciones jurídicas del feminismo, algo mucho más creativo porque suponía innovación doctrinal. En el derecho anglosajón entraron entonces nuevos conceptos. El de «discriminación positiva», referido a la puesta en marcha de políticas que evitaran la desigualdad de condiciones de las mujeres por razón de sexo, viene del feminismo norteamericano.[2] En España adoptamos la palabra *discriminación,* en su acepción inglesa, por lo que la idea adquirió una connota-

1. En castellano, «Yo también soy adultera».

2. *«Affirmative action»* (EE. UU.), *«positive discrimination»* (Reino Unido).

ción negativa de la que carece en ese idioma. Recuerdo que, cuando lo aceptamos, la primera reacción del neomachismo fue clamar «discriminación para nadie». O sea, que, según ellos, no habría que discriminar en positivo para levantar la discriminación negativa. Era muy difícil de explicar, y, tanto en el debate público como en el político, todo lo que requiera mucha explicación funciona regular.

Construimos entonces conceptos nuevos como «democracia paritaria», «listas cremallera», «paridad», «cuotas»... Empezamos a establecer jurídicamente cómo entrar en el modelo de Estado de derecho de una democracia, algo a lo que a nuestro parecer ya obligaba la combinación del artículo 9 de la Constitución —«[...] remover los obstáculos que impidan o dificulten su plenitud [la del individuo] y facilitar la participación de todos los ciudadanos en la vida política, económica, cultural y social»— con el 14. Este último afirma que no puede haber discriminación por razón de sexo, y, el 9, que hay que remover los obstáculos para conseguir la igualdad real. Para las feministas esa combinación era el fundamento constitucional, lo que nos daba pie a defender los nuevos conceptos jurídicos. Respecto a las listas cremallera, era evidente que sin ellas no habría reparto de poder; el monopolio de su detentación masculina no cedería de manera natural ni espontánea, como es fácil de suponer para cualquiera.

Esta era la combinación político-jurídica por la que el feminismo jurídico resultaba y resulta tan determinante. Era necesario entrar en el Estado con las mismas armas y bagaje con las que funciona; con lógica feminista política, jurídica y económica. Esta es la razón por la que no vale solo con tener diputadas. Sin las propuestas feministas, la contribución no es efectiva para el avance de las mujeres. Por todo esto considero que el feminismo es el 50 % del socialismo del siglo XXI. Todos los grandes debates políticos en los que el PSOE ha estado en los últimos años, los debates ideológicos que le han dado identidad, los han librado las mujeres militantes, las feministas del partido, junto con las alianzas trazadas con el movimiento feminista fuera del partido. Nuestros militantes varones forman parte del machismo general del mundo, faltaría más, y conste que son los primeros comprometidos, cómplices y colaboradores de todo lo que se ha avanzado desde el feminismo en este país, y ese es el papel que, a mi juicio, deben seguir cumpliendo como demócratas socialistas en el siglo presente.

Me siento orgullosa de todos nuestros hitos legislativos, de toda la legislación relativa a igualdad sacada adelante por el PSOE desde 2004: la Ley Integral contra la Violencia de Género, la Ley Orgánica para la Igualdad Efectiva de Hombres y Mujeres de 2007... La Ley de Igualdad de 2007 dejó, sin embargo, algunas cuestiones en el aire. Es la que ha venido a rematar la llamada ley Zerolo de julio de 2022, que recoge que nadie puede ser discriminado por razón de nacimiento, origen racial o étnico, sexo, religión, convicción u opinión, edad, discapacidad, orientación o identidad sexual, expresión de género, enfermedad, situación socioeconómica o cualquier otra condición o circunstancia personal o social. Sin embargo, el esfuerzo por conseguir un pacto de Estado contra la violencia machista en un país como este, financiándolo con más de mil millones de euros, no ha dado todos los frutos que debiera. Hay que seguir, y mucho.

Nosotras, las militantes socialistas, hemos tomado una enorme cantidad de decisiones jurídicas que han afectado fundamentalmente a las mujeres: subidas de pensiones no contributivas, cuyas principales beneficiarias han sido mujeres, las que trabajaron duro en sus hogares sin recibir sueldo y sin cotizar para tener derecho a una pensión. ¿Qué iba a pasar con su vejez? Esta gran decisión de justicia hizo que el Estado también contara con ellas y con sus vidas en el ámbito doméstico. Se rompía la lógica masculina de no haber contribuido económicamente. Según la nuestra, sí habían contribuido. Es indecente que una sociedad mantenga al margen de la protección del sistema a mujeres que han parido hijos y trabajado sin descanso. El patriarcado dejaba a las mujeres de sesenta y cinco o setenta años abocadas a vivir de la viudedad o de la caridad de sus hijos o de sus hijas —y puede que no los tuvieran—. Lo más escandaloso fue poner en evidencia que el 97 % de las pensiones no contributivas afectaba a las mujeres y solo el 3 % a los hombres. La aprobación de estas pensiones supuso uno de los grandes hitos de la política feminista en este país: venía a reivindicar, además, que a estas mujeres el Estado no les estaba regalando nada, que ya habían estado trabajando. Sobre lo que representa el trabajo de las mujeres en el ámbito doméstico están las aportaciones de María Ángeles Durán. Estas mujeres han trabajado. Es más, a todos los trabajadores que en este momento están cotizando para tener pensión en el futuro los han parido ellas. Las mujeres no hemos reivindicado ni el parto ni la maternidad ni los cuidados. Los hemos regalado.

Cuando fui vicepresidenta del Congreso de los Diputados tuve una compañera de partido en Valencia a la que le habían practicado una cesárea un viernes y tenía la obligación de venir a votar a Madrid un martes, porque, de lo contrario, perdíamos la votación. El reglamento del Congreso de los Diputados no contemplaba ningún tipo de ausencia relativa al parto. Podías verte en la tesitura de no comparecer por una enfermedad gravísima, y es verdad que nadie te podía sustituir, pero las posibles ausencias relacionadas con el embarazo o el parto no se habían tenido en cuenta. Comunicamos al presidente del Congreso que nuestra compañera socialista no podía venir de Valencia, que estaba ingresada, convaleciente de una cesárea. Se puso en evidencia que el reglamento había que cambiarlo, porque el parto no es una enfermedad y, por ello, no debía considerarse un problema; ese es el argumento. Mi compañera Carmen tuvo que viajar a Madrid el quinto día después de una cesárea, pero se acabó cambiando aquel reglamento. Ahora mismo, una mujer diputada tiene derecho a las mismas semanas de baja después de dar a luz que cualquier otra trabajadora.

Este es un buen ejercicio de la contradicción: cuando la lógica patriarcal nos permite por fin sentarnos en los escaños como diputadas, nos obliga a hacerlo según su criterio, que, por descontado, en ningún caso iba a incluir la posibilidad de que al tener veinte, treinta o cuarenta años, como mujeres que somos, pudiéramos quedarnos embarazadas.

Perduraba en aquel reglamento la única perspectiva histórica, la de los escaños ocupados por hombres.

Se ha ido elaborando recientemente nueva legislación, incluida en las leyes generales, que ha ido peinando y trufando de igualdad todo lo que tocaba. Hubo incluso un documento de política feminista en materia de política exterior de España en el que recogíamos que nuestras exigencias, cuando negociamos con otros países, tendrían que ver con las condiciones en que viven las mujeres de esos países. En materia de cooperación, para nosotros es prioritaria, por ejemplo, la línea de ayuda fundamental a las madres. Primero, porque son las que se hacen cargo de los hijos, y muchas de ellas están absolutamente solas porque los varones emigran para trabajar. Estas situaciones son muy habituales en África, por ejemplo. En América Central vamos más lejos incluso. La familia existe con muchas mujeres solas con hijos de diferentes hombres. Por todo ello las políticas de cooperación en muchos de estos lugares se vertebran protegiendo a las mujeres, empoderándolas, facilitando su acceso al trabajo y capacitándolas para sacar algún emprendimiento económico. En algunos países de África se trabaja para garantizar la escolarización de las niñas y para conseguir que puedan modificar los códigos civiles, que permiten matrimonios muy tempranos para ellas. Todas estas acciones son consecuencia de posicionamientos feministas del propio Estado. No puedes relacionarte con cualquier país a estas alturas y no preguntar por la situación de las mujeres. La globalización galopante nos conecta a todos y a todo, y ya no puede ser aceptable cualquier relación entre Estados sin estas consideraciones.

He llegado a la conclusión de que el feminismo está triunfando porque su núcleo de propuesta es tan profundamente democrático, tan real e incontestable para la existencia de las mujeres, que no hay manera de pararlo ni de refutarlo. Avanza de una manera irregular según el nivel de desarrollo de cada país o zona del planeta, y, desde luego, con arreglo a los diferentes sistemas políticos. Por un lado, respecto a la elección del orden de los apellidos de un recién nacido, modificamos la ley precisamente porque en ella pervivía la idea antinatural, anticientífica y tácita de que un hijo lleva el apellido de su padre para que, como varón, pueda tener la seguridad de que es suyo. Por el otro, la edad mínima necesaria para contraer matrimonio, pues existía una diferencia significativa entre niños y niñas. La edad requerida para las niñas era menor que la que se les exigía a ellos, lo que sigue vigente en muchísimas legislaciones del mundo. Pero ¿qué implicaba esta diferencia? Pues que el destino de ellas era el matrimonio y, por tanto, como no tenían otra cosa a la que aspirar que no fuera parir, se regularizaba que pudiese alcanzar ese destino a los diez o doce años. A pesar de la terrible generalización del trabajo infantil, todavía en muchos lugares del mundo prevalece la idea de proteger a los menores varones más que a las niñas. Seguimos teniendo un gran problema en materia de derechos humanos por las menores sometidas a matrimonios forzados y maternidades prematuras. El patriarcado ha demostrado históricamente su incapacidad para atender la maternidad sin que resulte lesivo para nosotras. Quienes cuestionamos todas estas situaciones aberrantes seguimos siendo las feministas intentando avanzar en materia de derechos humanos en el mundo.

Y es que el feminismo se compone, en la práctica, de leyes visibles: las de igualdad de trato o de violencia de género, por ejemplo. También se hace patente por leyes visibles que funcionen no de manera aislada, sino acompañadas también por todas las demás leyes de un país, entreveradas de forma transversal con la perspectiva de los intereses de las mujeres. Esto es algo que solo se consigue cuando se percibe el panorama general de la igualdad de un país o cuando tienes perspectiva feminista, la transversalidad del gobierno, y se trabaja desde el principio con ese código. Recuerdo cuando pusimos en marcha el plan E durante el gobierno de Zapatero. Consistía en grandes inversiones en obra pública. Un día comenté que ese plan daría mucho trabajo a los hombres, pero que no entendía en qué podría favorecer a las mujeres. En obra pública solo trabajaban un 15 %. Entonces planteé la puesta en marcha de un plan de empleo para las mujeres, porque estaba claro que el plan E iba dirigido principalmente a los hombres; plantear esto es política transversal y feminista, imprescindible para la igualdad.

Ha habido muchos cambios reales, plausibles, avances en derechos civiles que sirvieron para mejorar la vida de las mujeres en este país. Estaba en el gobierno de Zapatero cuando en 2004 se aprobó la Ley Orgánica contra la Violencia de Género, y estaba presidiendo la Comisión de Igualdad cuando, pasado el tiempo, iniciamos los trámites para elaborar una ley de interrupción voluntaria del embarazo. De nuevo se hizo evidente la necesidad de transformar la mentalidad machista que aún imperaba en algunos sectores, incluso de mi propio partido, cuando el asunto del aborto no se quería abordar desde la perspectiva exclusiva del derecho de las mujeres sobre su cuerpo y el tiempo libremente elegido para su maternidad.

Tres mujeres militantes, una ministra, la portavoz de la Comisión de Igualdad y yo, que, como digo, la presidía en ese momento, expusimos las carencias de la ley de plazos para el aborto que había aprobado en 1985 el gobierno de Felipe González, y planteamos la posibilidad de ampliarla. España necesitaba una ley del aborto que se adecuase a la realidad de los tiempos. La situación era inaceptable para una democracia como la nuestra, a la que el Consejo Europeo y la Organización Mundial de la Salud ya habían advertido que se debía legislar sobre el asunto. En un primer momento, el PSOE se negó a meterse en aquel jardín; detalles del machismo, que está por todas partes. Nos avisaron incluso de que rodarían nuestras cabezas si no salía bien. Dejamos aislado al PP, que estuvo en contra. Recuerdo una conversación con dos de sus diputadas en la cafetería del Congreso, en la que, con un café delante y a punto de entrar a una de las sesiones de la Comisión de Igualdad, nos reconocieron que estaban a favor del aborto y que también una buena parte de su electorado lo estaba. Por eso, años después, durante el gobierno de Rajoy, su partido no derogó la ley a pesar de tener mayoría absoluta. Nos dijeron que, pese a estar a favor de la aprobación de la ley, «aquel marrón» nos lo íbamos a «tragar» nosotras solas, y en esas circunstancias sacamos la ley adelante. Durante aquellas semanas nos reunimos con Duran i Lleida, con Gaspar Llamazares, con Emilio Olabarría, con Joan Tardà... A Llamazares no hizo falta convencerlo, todo sea dicho. Al final, votaron hasta los cristianos del PNV y los de Convergència i Unió. ¿Sabéis quién se paseó por todas las televisiones y todas las radios para vender el éxito de aquella ley? Pues algunos hombres. Esto ocurre mucho en el ambiente machista: se reconocen poco los éxitos políticos de las mujeres, aunque aquí, en este punto, vayamos mejorando algo.

El feminismo tiene la misma altura y calibre de la propia democracia, justo porque plantea los derechos e intereses de más de la mitad de la población. Insisto en que debemos defender una perspectiva feminista estructural de la gobernación del Estado para atender a las mujeres; que las personas que estén en los gobiernos tengan *per se* esa estructuración mental en todos los rangos de las administraciones públicas. En los cargos que he asumido he tratado de aportar esa visión y filtrar nuestras decisiones a través del tamiz de la igualdad de sexos. Por ejemplo, en la Ley de la Ciencia, la Tecnología y la Innovación, de 2022, ¿cómo íbamos a impulsar las carreras técnicas y científicas para las niñas, los núcleos STEM? Era muy importante porque estamos infrarrepresentadas todavía en muchos ámbitos: en el de la inteligencia artificial, en el ámbito tecnológico en general, en el empresarial... El problema es doble, no solo por no estar mínimamente representadas y aportando ideas, sino porque, además, en esos espacios, se está construyendo el futuro, y, en buena medida, hasta el momento, cuentan con escasa participación de las mujeres en los puestos de verdadera influencia y decisión.

EL CUERPO DE LAS MUJERES, EPICENTRO DE LA INFAMIA

III

Dueñas de nuestros cuerpos

La humanidad ha construido una asimetría continua entre hombres y mujeres consagrada como desigualdad legal para desfavorecernos, cuando, supuestamente, en muchos casos, se hacía con el fin hipócrita de protegernos. Por poner un ejemplo, exigimos la erradicación del matrimonio infantil en cualquier lugar del mundo. Es una de nuestras grandes reivindicaciones. Los avances en derechos civiles que plantea el feminismo tienen que ver con todos los demás derechos, y se traducen siempre en transiciones políticas a modelos más democráticos y, de manera coherente, en protección de derechos humanos.

Hasta el siglo XX nuestros hijos les pertenecían a ellos, el contrato matrimonial perpetuaba la desigualdad entre hombres y mujeres en perjuicio de estas. Por ello, la primera lucha que planteamos fue liberarnos de las más fuertes vinculaciones, empezando por la del matrimonio, planteando la regulación del divorcio. El matrimonio era una estructura política que para los hombres suponía el apoyo vital, emocional y físico que necesitaban para su vida verdadera, la vida pública. Eran las esposas quienes sostenían sus existencias, quienes les daban hijos, y, por supuesto, desde la fidelidad sexual más estricta. La honra de las mujeres significaba fidelidad sexual a sus maridos. No teníamos honor, porque el honor es una categoría que está en el espacio público, y a nosotras nos estaba vetado ese espacio de manera habitual. El propio economista y filósofo John Stuart Mill y su mujer, Harriet Taylor Mill, hablaron en términos casi feministas de este asunto. No teníamos honor porque permanecíamos limitadas a la vida privada. Por ello lo primero que peleamos fue el divorcio, salir del matrimonio, una estructura también política de poder donde el denominado «cabeza de familia» en el derecho civil español era nuestro jefe y el *dueño* de nuestros hijos, hasta el punto de que la patria potestad no era ni siquiera compartida. Hasta el 25 de julio del año 1889, con la modificación del Código Civil, no conseguimos que se nos reconociera el derecho a compartir con nuestros maridos la patria potestad de nuestros hijos, y, aun así, la autoridad de ellos prevalecía. Con el franquismo volvimos a perder ese derecho y no lo recuperamos hasta 1981; anteayer, en términos históricos. Nosotras paríamos los hijos con la acreditación de nuestra fidelidad sexual para que hubiera seguridad de que eran del *paterfamilias,* ¡pero jurídicamente eran solo suyos! Ni siquiera era nuestro lo que paríamos. Esta es la historia de las mujeres, y aún hoy les ocurre a millones de ellas en muchos lugares del mundo.

Por estas, y otras razones, hemos de mantener la mirada

abierta a todo el mundo en la lucha por los derechos de las mujeres. Dadas las circunstancias, peleamos por divorciarnos, lo que implicaba a su vez podernos casar o no porque casarte era un destino casi obligatorio. Con la posibilidad del divorcio, venían otros cambios, por ejemplo, no querer casarse y no sufrir por ello reproches sociales. En suma, la libertad. No hacer nada de lo previsto por tu condición de mujer. Puede darte por ser ingeniera naval, no tener hijos y que ahí radique la libertad de tu proyecto de vida... Este conjunto de aspiraciones llevaba implícita la posibilidad de divorciarse, de ahí la importancia capital siempre de las decisiones jurídicas. La historia vivida era que te quedabas sin casar únicamente por fuerza mayor, cuando te aterrorizaba la idea del matrimonio, cuando eras lesbiana y no lo podías contar o cuando habías recibido la llamada y decidías tener a Dios por esposo —que, visto lo visto, era un buen partido.

Salir a la individualidad, disfrutar la independencia de una vida propia, conllevaba obligatoriamente el trabajo remunerado, el derecho a trabajar en el mercado laboral. La secuencia era, pues, trabajo, salario, voto y ciudadanía. Hemos contado con el apoyo de algunos hombres a lo largo de la historia, como —de nuevo— John Stuart Mill, que en su ensayo de 1869 *La esclavitud femenina*[1] afirmó que las mujeres listas estaban planteando que el matrimonio no fuera

1. Stuart Mill, John y Taylor Mill, Harriet, *La esclavitud femenina* y *La emancipación de las mujeres*, 2022, Madrid, Clave Intelectual, 2022.

un sacramento. Este tipo de afirmaciones hicieron avanzar la secularización política del poder. Hay que recordar que fue determinante en el trabajo y las tesis de Stuart Mill el hecho de que su mujer, la filósofa Harriet Taylor, fuera una notable feminista durante la época victoriana, que reivindicó nuestro derecho al sufragio y a la educación como únicos caminos para conseguir emanciparnos, y fue asimismo de las primeras en denunciar los malos tratos sufridos por las mujeres en el seno del matrimonio, y la desigualdad a la que se veían sometidas ante la preponderancia que se concedía a los varones dentro de esta institución. Phyllis Rose, la crítica literaria feminista, cuenta extraordinariamente bien en su libro *Vidas paralelas* el tipo de matrimonio que ambos compusieron.[2] Juntos defendieron la posibilidad del divorcio como legítima solución a las desavenencias matrimoniales.

Desde el punto de vista del Estado, el matrimonio es un contrato, y, como cualquier contrato, se puede romper mediante una cláusula que hayamos pactado previamente o mediante una regla general del derecho que determine cómo se cancelan estos contratos. El hecho de que se trate de un contrato implica que los firmantes pueden pactar. Por ello, lo primero que reivindicamos fue nuestro derecho a divorciarnos, a romper ese contrato matrimonial. En la actualidad aún somos más mujeres que hombres las que pedimos el divorcio. Debemos tener en cuenta que en Es-

2. Rose, Phyllis, *Vidas paralelas,* Barcelona, Gatopardo Ediciones, 2023.

paña no nos hemos podido divorciar hasta hace cuarenta y cinco años. Recuerdo que, cuando lo recuperamos, los sectores más conservadores clamaron: «¡¡Por Dios, que se va a divorciar todo el mundo!!».

Algo en el inconsciente colectivo habla de lo que significaba el matrimonio para nosotras. En primer lugar, una obligación social; y, en segundo, y para muchas, una tumba vital, cuando no un calvario. En los primeros años de su entrada en vigor en nuestro país, los divorcios los planteaban muchas más mujeres. Como me refería una amiga abogada matrimonialista, los hombres divorciados se casaban con «la conserje que estaba en la puerta del juzgado» porque no sabían estar sin mujer. Se hizo patente lo que veníamos observando como parte de nuestra historia: una de las rémoras más grandes que sufríamos las mujeres era el matrimonio por obligación. Los matrimonios a lo largo de la historia habían sido concertados por los padres, y las hijas eran objeto de transacción y venta; lo son todavía desgraciadamente en algunos lugares del mundo. La primera gran decisión colectiva, difusa, consciente e inconsciente, todo al mismo tiempo, de las mujeres fue la de romper el matrimonio o no contraerlo. Empezó a reivindicarlo la humanista Christine de Pizan en *La ciudad de las damas,*[3] texto fundamental para «la querella de las mujeres» —debate literario y académico sobre la capacidad intelectual de la mujer, que se desarrolló en Francia desde la Edad Media y hasta finales

3. De Pizan, Christine, *La ciudad de las damas*, Madrid, Siruela, 2022.

del siglo XVIII— y publicado en la Francia del siglo XV, y que exigieron Olympe de Gouges en su *Declaración de los Derechos de la Mujer y de la Ciudadana,* de 1791, y Mary Wollstonecraft, a quien, como mencioné con anterioridad, debemos el establecimiento de las bases del feminismo moderno en la Inglaterra del siglo XVIII. Wollstonecraft llegó a afirmar que todas las sufragistas saldrían de sus matrimonios. Estas intelectuales empezaron a entender dónde estaba la más importante estructura política para nosotras. Era el matrimonio. Seguíamos muy lejos de relacionarnos con el poder político o de formar parte de él. Tan lejos que debíamos empezar por el principio, por ese varón que registra a su nombre lo que yo he parido, que me lo puede arrebatar porque la ley lo considera su propiedad. Comprendieron que necesitarían disponer de independencia económica, que la primera gran idea de liberación era la de contar con tus propios recursos, con tu disponibilidad para el trabajo, ser remunerada por ello. Repito que, en este proceso, hubo hombres que nos ayudaron porque entendieron también que el matrimonio es un contrato. Hubo que desvincular el matrimonio de la idea del sacramento, separar Iglesia de Estado. Hasta la altura de nuestros días ya hemos conseguido en nuestro país que sean más los matrimonios civiles que los religiosos. ¡Siglo XXI!

Los asuntos en política van siempre interconectados y se desarrollan en paralelo a otras cuestiones de índole social, económica o cultural. Un cambio de esta magnitud solo pudo proponerse avanzada la idea renacentista de que el poder político era una cosa y las creencias religiosas otra, y que debían permanecer desvinculados. Coincidió en el tiempo con el nacimiento de la ciencia moderna, con la convicción de que sería la ciencia, y no Dios, la que nos salvaría. Nos salvarían la penicilina o la ingeniería, pero no la religión, al menos, para la parte de la población que rechazaba la religión como obligación sin que por ello se desprecien las creencias propias, que, como derecho individual, tenemos todos en los sentimientos religiosos. Cuando se generalizó esta corriente de pensamiento, nosotras aprovechamos y decidimos que el matrimonio siguiera siendo un sacramento obligatorio solo para las que así lo quisieran, y que la religión ocupara su lugar en la libertad personal de creencias y no como política de Estado.

La batalla por los derechos civiles en posición de igualdad quedó, sin embargo, incompleta. Incluía el aborto. No querer ser madres. No querer casarnos y tampoco querer tener hijos, sin que esto supusiera un escándalo o una anomalía. «Ni me quiero casar ni quiero ser madre. Declaro que mi cuerpo es mío y no le va a pertenecer a nadie; que no voy a contratar un matrimonio con un hombre ni pienso procrear. Voy a romper el mito romántico de mi destino: no voy a ser madre porque no quiero serlo, y, sin embargo, voy a continuar siendo plenamente mujer». Y es que la plenitud de la vida de una mujer en términos de la feminidad patriarcal era ser madre. El rechazo del matrimonio, al reivindicar nuestro derecho a mantener relaciones sexuales y a abortar en caso de embarazos no deseados, retaba al patriarcado, a todo su sistema, a todo un modelo político, económico, social y religioso. La afrenta era absoluta porque se basaba en esta premisa. En la España católica de los años veinte, las anarquistas propusieron una huelga de «vientres caídos» cuando fueron acusadas de radicales por reclamar su derecho al aborto. Decidieron que ya no parirían más, que iban a resolver de una vez por todas el problema de España. Sin españoles, no habría España. Una gran sentada que, como aldabonazo radical, resultaba muy gráfica, aunque absolutamente imposible. Una abstracción total.

Recuerdo cuando al final del franquismo y al principio de la Transición organizábamos campañas y manifestaciones reclamando nuestros derechos al divorcio y al aborto. Ya llevábamos años moviéndonos en la clandestinidad. Las mujeres nos quejábamos del machismo incluso en las filas propias. Un día sacamos a la calle una pancarta llena de ironía: «Vete a hacer la comida, que ya voy yo a la manifestación por el aborto», puesta en boca de los hombres. Esa frase lo dejaba muy claro, y conllevaba una crítica interna e implacable hacia los propios: que hagas tú la comida, querido, que soy yo la que aborta. Ellos, todavía, con tal de retrasar nuestros avances y no hacerse cargo de la realidad, son capaces de ir a una manifestación a favor del aborto, que les da puntos como líderes masculinos, siempre y cuando nosotras les hagamos la comida y el orden patriarcal se mueva poco y lento. Ahí nació el lema, todavía actual, de «Nosotras parimos, nosotras decidimos». Parece que Francia está inmersa en una reforma constitucional que llevaría el derecho a interrumpir voluntariamente el embarazo de las francesas al propio texto de la Constitución, lo que en muchas ocasiones algunas hemos pedido en nuestro país. Llegará.

Nuestras históricas reivindicaciones de derechos civiles han chocado —y siguen chocando— con la moral religiosa; no en vano una parte fundamental del sustento del patriarcado radica en la moral de todas las religiones, y así luchan las mujeres en muchos lugares del mundo todavía. La dogmática moral de cualquier religión del mundo es la estructura más íntima del patriarcado, y es evidente que entra en conflicto con los derechos civiles que en igualdad nos corresponden a las mujeres. Es la moral religiosa la primera que nos considera incapaces e inferiores. No hay más que dar un repaso para ver quién es la tonta que se come la manzana y hace caso a la serpiente. ¿Quién era allí la personificación del mal? Porque Adán era bueno, la mala era Eva. ¿Y de dónde nace Eva? Efectivamente, de una costilla de Adán. A Eva no se la concibe como un ser de barro creado por Dios; se ve reducida a una costilla de Adán.

Palas Atenea, la gran Minerva griega, una diosa que me impresiona, nace del cerebro de su padre, Zeus, aquejado de terribles dolores de cabeza. Atenea nace guerrera, y totalmente armada, de la cabeza de su padre, el más importante de los dioses olímpicos. En este sentido, os recomiendo un libro: *Las diosas de cada mujer. Una nueva psicología femenina,*[4] de la psiquiatra norteamericana Jean Shinoda Bolen. Palas Atenea representaba, en la mitología griega y en la romana, la inteligencia y la guerra, algo nunca atribuido a las mujeres. Nunca. Si recordáis su representación, aparece

4. Shinoda Bolen, Jean, *Las diosas de cada mujer: Una nueva psicología femenina*, Barcelona, DeBolsillo, 2010.

siempre con un casco para ir a la guerra y una lechuza delante, símbolo de una inteligencia superior. Sin embargo, según avanza la historia de la humanidad, desaparece el reconocimiento de una mujer inteligente y, además, capaz de ir a la guerra. La clave es extirpar del concepto de mujer cualquier atributo que no esté relacionado con su cuerpo, y de un cuerpo sometido a la sexualidad, a la procreación y a los cuidados; y ahí seguimos todavía enfrascadas con el cuerpo y sus dependencias. El derecho al aborto aún no está regulado en muchos países. En España nos hemos escapado del retroceso recientemente, con la sentencia atroz del Tribunal Constitucional, sin embargo, en países como Estados Unidos vuelve a ponerse en cuestión ese derecho, el derecho de las mujeres por el control de su cuerpo y su capacidad de gestar. Milei en Argentina trae como programa de gobierno prohibir el aborto del que gozaban las argentinas desde hace solo dos años.

Hay que observar con claridad los grandes progresos feministas a los que estamos asistiendo. Las denuncias por violencia obstétrica son un ejemplo claro. Hace poco se produjo una condena a un servicio de ginecología donde se habían practicado cesáreas que se consideraron carentes de justificación alguna. La prostitución, sin embargo, continúa vigente en nuestro país como práctica de hecho; es más, algunos modernos de derechas y otros modernos de izquierdas hasta se plantean su regulación. Y, cuando ya por los anticonceptivos y por el aborto nos habíamos librado del imperativo de la maternidad, y por fin podemos decidir ser madres como y cuando queremos, nos sobreviene el siguiente paso del patriarcado sobre nuestros cuerpos, los vientres de alquiler, para que, otra vez, el mercado venda una parte más de nuestros cuerpos, de nuestros vientres y nuestros hijos. El apoyo del Parlamento Europeo va a ser fundamental próximamente para la erradicación definitiva de estas prácticas. El pronunciamiento de la Eurocámara ha sido el definitivo en la dirección de seguir protegiendo el cuerpo de las mujeres y su autonomía y considerar los vientres de alquiler otra violencia más sobre nuestros cuerpos.

El placer es nuestro

Durante la Transición, las mujeres reconsideramos libre, respetable y reivindicable el placer sexual. El nacionalcatolicismo —para el que todo el placer femenino era vergonzoso— y la Iglesia se encargaban de recordarte que el sexo no era bueno; que aquello era pecado si no se practicaba para embarazarte y dentro del matrimonio. Parafraseando a Virginia Woolf, vivíamos lo relativo al placer bajo la «capa de aquella timidez en presencia del "pecado" que es el legado de nuestra barbarie sexual».[1]

El mundo debía ser heterosexual por obligación. Todos los planteamientos por el debate sobre la orientación sexual nacen también con el feminismo. Desde el PSOE trabajamos mucho por esta transformación: ni todo el mundo debía ser heterosexual ni nosotras teníamos la obligación de ser madres ni de casarnos. Era un verdadero desmontaje de la moral católica impuesta como política de Estado de la dicta-

1. Woolf, Virginia, *op. cit.*

dura. Cuestionar la heterosexualidad también ayudó a abrir la puerta a las relaciones sexuales libres, al entrar en conflicto con las directrices de la Iglesia católica, que considera el matrimonio como el único espacio para la relación sexual y con el fin de la procreación. La Iglesia católica rechazaba la posibilidad de mantener relaciones sexuales por placer y, hasta hace muy poco, no han empezado a aceptar que sean para algo más que reproducirnos.

El feminismo pone en jaque esos pilares y, como no podría ser de otra manera, el reflujo de ese debate llega hasta nosotras, para lo bueno y para lo malo, porque conseguimos el derecho a la interrupción voluntaria del embarazo y por fin no sufren reproche social quienes no desean ser madres, pero aún queda mucho camino por andar. Hemos tenido que volver a legislar para impedir la presión de los antiabortistas a las puertas de las clínicas o la ignominia que supone para las mujeres que las comunidades autónomas no garanticen con criterios de igualdad en todo el territorio del Estado el derecho a ejercer en la sanidad pública este derecho reconocido en la ley.

En el ámbito de las relaciones sexuales y las relaciones sentimentales, a menudo y por simple ignorancia, sigue vigente el entramado machista, cuyos tentáculos se extienden por todos los espacios. Muchos hombres mantienen como referentes los comportamientos de sus padres y abuelos con sus madres y abuelas, aun intuyendo que ya no son válidos para relacionarse con las mujeres en la actualidad. A nosotras, mujeres de hoy, el nuevo orden en las relaciones personales también nos supone un inconveniente. ¿Cómo relacionarnos sexualmente con hombres cuyo «sistema coitocentrista patriarcal» —según lo llama la escritora Sara Martín en su web *Cerebro de Leche*— ha quedado obsoleto? También nuestros referentes están desactualizados, más si cabe, en este país, debido a la opresión en la que vivieron las mujeres durante cuarenta años de dictadura, tan reciente, en realidad, históricamente hablando.

Seguimos aceptando la sexualidad masculina como lo imperante al permitir que coarte la nuestra. No hemos elaborado todavía una crítica solvente en el debate político y, por tanto, público, sobre el hecho de que el tipo de sexualidad que demandan los varones sea el que prevalezca. La peor parte es que esta realidad sigue condicionando las leyes contra la violencia machista. Las chicas jóvenes aguantan la penetración sin rechistar e incluso normalizan prácticas sexuales que no les aportan placer, sino que les crean conflictos personales, porque nadie les ha explicado que, quizá, ese modelo de sexualidad les conviene a ellos, pero no a nosotras. Y vamos a peor. La revolución feminista es incompatible con el mantenimiento de viejos modelos sexuales que degradan a la mujer, y, sin embargo, asistimos a un retroceso que coincide con el auge del consumo de pornografía entre los adolescentes y con que ellas estén asumiendo prácticas que ni siquiera llegamos a aceptar una generación atrás. La educación sexual y reproductiva es una gran asignatura pendiente que continúa en clave de tabú y no permite avanzar lo suficiente y necesario por igual para los intereses de mujeres y hombres.

A partir de cierta edad, a muchas mujeres con gran

conciencia de sí mismas la penetración no les interesa, pero tampoco lo dicen; otro tabú. La sexualidad masculina les resulta muy agresiva, y esto no tiene nada que ver con su orientación sexual. He tenido oportunidad de tratar estas cuestiones con muchas mujeres mayores que yo, que admiten sin reparos que siguen interesadas en el sexo, que desean seguir activas sexualmente, y que, sin embargo, el tipo de relación sexual que se les ofrece, la sexualidad normalizada, no pueden aceptarla. Porque físicamente no somos las mismas con treinta que con sesenta, y lo coherente sería que nuestras relaciones se fueran adaptando a nuestros cambios, pero el diálogo entre mujeres respecto a estos temas continúa siendo insuficiente y sigue habiendo mucha ignorancia al respecto, y más aún si nos referimos al diálogo con ellos en las relaciones heterosexuales.

En especial las de mi generación hemos aprendido mucho políticamente unas de otras en charlas sobre asuntos íntimos, y a menudo considerados insustanciales, donde, sin aportar nombres concretos, nos concedíamos la oportunidad de hacer autoanálisis en territorio amigo y de hablar, por una vez, más de nosotras que de ellos. Esas charlas privadas han dado paso a grandes debates colectivos en los que cuestionar el rol y las funciones en nuestras vidas de nuestros compañeros, y han favorecido que percibiéramos nuestros propios espacios y necesidades. Tradicionalmente hemos interiorizado un modelo de hombre que se ha quedado raquítico en el momento en el que la mujer ha salido a reclamar su parte del espacio público. Advertir y hacer público, por primera vez, que no se han cumplido las expectativas generadas por ese modelo ideal de masculinidad en cierto modo nos ha desestabilizado y, a la vez, nos ha dado pie para reivindicar el tiempo perdido y recalcular posiciones. Sentirnos a la deriva ha propiciado nuestro paso al frente y los muchos cambios que hemos sido capaces de realizar. Hemos abandonado la idea de un único hombre para toda la vida, hemos experimentado y, a partir de nuestras vivencias, hemos podido establecer diálogos con las demás. Nuestras madres apenas podían contar nada porque sus relaciones sexuales se habían limitado a nuestros padres, casi de manera generalizada. ¿Qué iban a contar entonces? Todo ello sin mencionar que se guardaba un código de silencio tradicionalmente establecido y relativo no solo al sexo, sino también a la menstruación, el embarazo, el parto, las cuarentenas, la menopausia y, en definitiva, cualquier proceso fisiológico propio de nuestra condición de mujeres, y que debíamos vivir y resolver en silencio. Baste el ejemplo del —¡por fin!— abordado asunto de la depresión postparto, sentimientos encontrados e intensos tras la maternidad y el gran cambio físico y desde todos los puntos de vista que se produce en nosotras, y que según los códigos de comportamiento del kit de la feminidad no podíamos expresar, porque la mística de la maternidad nos obligaba a sentirnos oficialmente felices. La necesidad vertical de protección que subyacía bajo muchas relaciones ha dejado de ser necesaria. Muchas mujeres ya no sienten que deban ser protegidas por un hombre, ya no necesitamos esa, a menudo, *falsa protección.* Se rechaza el prototipo de mujer que ha alimentado una sociedad sexista. Todos estos cambios de perspectiva precisan de una reflexión profunda por nuestra parte. Debemos seguir dialogando sobre ellos porque, aunque hemos avanzado en muchos ámbitos, el modelo de relaciones sexuales sigue impertérrito y no se puede elaborar uno nuevo si la pieza maestra de nuestra sexualidad sigue siendo prehistórica. Ese modelo de relaciones sexuales necesita una revisión cada día más urgente y perentoria.

¿Dónde nos encontramos las mujeres en este momento? ¿Cómo queremos relacionarnos? Hemos dado pasos de gigante con relación al autoconocimiento y a la manifestación de nuestros propios deseos, circunstancias y directrices en las relaciones de pareja, y, sin embargo, aún extrañamos estas nuevas posiciones. A este respecto me parecen muy generosas, por ejemplo, las aportaciones de una gran feminista. Me refiero a la premio nobel francesa Annie Ernaux, quien contó en *Pura pasión,* uno de sus diarios, su tórrida historia de amor con un individuo del que sospechaba que era agente del KGB, la policía secreta soviética. Ernaux describe su enamoramiento hasta el tuétano, incontrolable, como el de quien contrae una enfermedad sin buscarla, inevitablemente, como funciona la naturaleza. Esto también nos pasa porque, a pesar de los filtros racionales que nos esforcemos en poner, el del enamoramiento es un cerebro alterado, dice la neurociencia. Ya son muchos los estudios y publicaciones al respecto. Sirva como ejemplo la reciente publicación *El cerebro enamorado,* del neurobiólogo José Ramón Alonso Peña.[2]

2. Alonso Peña, José Ramón, *El cerebro enamorado,* Madrid, Espasa, 2022.

Hasta ahora, la conexión ideal, según explica Denis de Rougemont en *El amor en Occidente,*[3] radicaba en lograr casarse por amor, algo que en la historia apenas había existido hasta el siglo XIX. Al conseguir casarnos por amor, pretendimos meter en un mismo espacio asuntos que parece difícil conciliar en un mismo lugar. La conveniencia, la idoneidad, la reproducción, el placer, la pasión... No cabe todo en un mismo saco, el saco de la pareja monógama o el matrimonio oficializado. Y si por casualidad una sola mujer en toda España consiguió en algún momento de la historia disfrutar de una completa felicidad, debió de ser consciente de que esa conjunción de planetas sería, sin duda, temporal. La naturaleza regula los plazos. Nuestro tiempo para la reproducción es limitado, no nos quedamos embarazadas a los cincuenta años... Los enamoramientos, las pasiones, tienen un plazo. La conveniencia social puedes encontrarla o no, y, aun así, avanzando en dejar atrás nuestras posiciones de inferioridad y vulnerabilidad frente a los hombres, nos descubrimos pegadas al teléfono esperando una llamada, como la nobel francesa relataba. Personalmente le agradezco que se haya atrevido a contar esa historia desde su posición. Hay que ser muy valiente para reconocer esa gran vulnerabilidad y hacerlo desde la osada sinceridad.

En Occidente, en los últimos doscientos años, hemos intentado meter en el mismo paquete la idoneidad de una persona con la que compartir la vida con la locura del deseo

3. De Rougemont, Denis, *El amor y Occidente,* Barcelona, Kairós, 1978.

que puedes sentir por otra, y no se puede. No sé cómo lo vamos a arreglar. El placer físico que puedes sentir por alguien no tiene por qué ser garantía de compatibilidad con esa persona en los parámetros de tu vida, en tu maternidad, por ejemplo; la satisfacción sexual no garantiza la conveniencia de la relación a nivel familiar. Sin ánimo ni siquiera remoto de que parezca un consejo, y dirigiéndome a las más jóvenes, lo que considero crucial para la vida de una mujer es elegir la maternidad con mucha libertad y conciencia, sabiendo que, en muchas ocasiones, tendréis que sacar adelante a vuestros hijos e hijas más bien en solitario, y que por ello es determinante con qué persona toméis esta decisión, algo que condiciona toda una vida y de la que depende también el equilibrio y futuro de otros seres, los hijos e hijas.

Hemos pretendido incluir en el matrimonio ideas de estabilidad, bienestar económico, hijos, familias de ambos, similitud de valores y de clases sociales... Y nada de esto empieza en la pasión amorosa. Como se puede ver, nada nuevo bajo el sol en esta materia, sobre la que deberíamos reflexionar más entre todos y todas, no solo en términos privados, sino también en términos públicos y políticos; aquí radica una gran parte de los malestares sociales que se gestionan de manera informal y personal, y debería darse más conversación pública sobre ellos. Una parte del futuro de una política diferente estará en estos debates. Creo.

En la oscuridad de lo privado: el débito conyugal

El contrato de matrimonio es, según el Código Civil, un contrato de solidaridad por el que dos personas adultas se comprometen a ayudarse, a respaldarse, y, si tienen hijos conjuntamente, a sacarlos adelante. En esto consiste el matrimonio en términos jurídicos. Por fin, y desde la reforma constitucional del código civil, también para las personas del mismo sexo, gracias al cambio que introdujo el gobierno socialista del presidente Zapatero. Este contrato tenía un elemento terrible de la tradición patriarcal, que siguió vigente después de la Constitución de 1978, el débito conyugal, la obligación de mantener relaciones sexuales en el marco de la vigencia de la relación formalizada en matrimonio.

Hace años, algunas feministas propusimos aceptar la idea del débito en vez de preferir su eliminación, al exigir que se reconociera la libertad sexual también dentro del matrimonio, lo cual implica que tú me puedes estar violando aunque seas mi marido. Se trataba de un planteamiento muy controvertido. Lo quisimos proponer desde una mirada machista: «Muy bien, sostengamos el débito; nosotras podemos siempre, ellos, no siempre, a tenor de las relaciones tradicionales». Evidentemente, no estoy de acuerdo con esta idea, pero el planteamiento era necesario: lanzar un órdago para llamar la atención, una especie de sinsentido para poner en evidencia la situación. El objetivo era que se reconociera la libertad sexual, también dentro del matrimonio para ambos, y de esta forma dar paso a la entrada de la posibilidad del delito de violación en el seno del matrimonio, como ya ocurre. Afortunadamente.

Comenzó entonces una lucha que ganamos con una sentencia dictada por un tribunal en Asturias: por fin se consideraba que existía en el matrimonio la posibilidad de ser violada. Esto no se reconoció hasta hace treinta años. Tu propio marido podía violarte legalmente. El débito era una parte del contrato y en la cabeza del patriarcado jurídico no entraba que tú en el matrimonio no estuvieras siempre dispuesta y disponible, y, por tanto, nunca se agredieran tu libertad y tu integridad. Aquel epígrafe jurídico iba relacionado directamente con el débito. A partir de esa sentencia, las mujeres han podido ir a los tribunales a exigir justicia contra los delitos de agresión sexual. Luego empezamos a exigir que el débito conyugal saliera del Código Civil y del contrato de matrimonio, porque, si no, quienes tendrían problemas por incumplimiento más fácilmente serían ellos, no nosotras, con arreglo al modelo de relaciones imperante.

En muchos casos de malos tratos y de violencia contra

las mujeres están por medio delitos gravísimos contra nuestra libertad sexual y contra la integridad de nuestros cuerpos. Por tanto, el desmontaje de todo este asunto jurídico no era tema menor, sino mayúsculo, porque entraba en el núcleo de nuestra libertad sexual, del consentimiento que la sostiene. Desde otro punto de vista, abarcaba numéricamente nada más y nada menos que a todas las casadas. Esto es a lo que yo llamo «el bisturí jurídico del feminismo». Nosotras nos hemos encargado de transformar lo que no estaba reglado, la moral imperante, el modelo de sexualidad masculina. Pero estos procesos se alargan, requieren mucho tiempo. Los avances en lo referente a nuestra sexualidad van muy lentos, si observamos lo que está ocurriendo con las y los jóvenes, y la pornografía, que es otro gran caballo de Troya de la libertad del patriarcado, en contra de las verdaderas libertades de las mujeres. Este es el gran tema que hay que afrontar ahora. Casi siempre estamos ante un negocio, un gran negocio a costa de nuestros cuerpos.

Los varones han vivido tradicionalmente toda su sexualidad con el viento de cara, la han impuesto por contrato; debíamos responder a sus necesidades, pero solo cuando ellos estuvieran disponibles. Han dispuesto también de la prostitución, solteros o casados. Todos estos cambios dan en la línea de flotación de la sexualidad tradicional, que durante siglos se ha fundamentado en la erección, en la penetración, en la cantidad, en definitiva, en los intereses masculinos. El débito conyugal, la posibilidad de violación dentro del matrimonio, el adulterio, todo forma parte de la herencia de la dictadura del patriarcado de siempre, de cómo se legisla para nosotras en términos civiles y penales, que es siempre en contra. Para salir de ahí, tuvimos que empezar a tirar de esos mismos conceptos para transformarlos. Si el débito conyugal era obligatorio, la violación no existía en el matrimonio. Todo eso estaba concatenado y estas son las piezas que hemos movido, y es que cuando cruzamos las ideas del machismo con las estructuras jurídicas, aparecen todos los lugares donde nos han condenado. Sacar el débito conyugal del Código Civil es lo que nos permite denunciar delitos contra nuestra libertad e integridad, primer gran paso para reconocer nuestra existencia individual y sin encadenamiento a otro ser como pertenencia. Si no se ha contraído ninguna obligación de índole sexual y no se da el consentimiento, da igual que sea un extraño o tu marido quien cometa el delito. Con aquella sentencia dimos un paso de gigante. Ese día fue muy importante, pero previamente tuvimos que batirnos el cobre solas, porque estoy hablando de la España de hace treinta y cinco años, cuando la política de Estado estaba ocupada en otros asuntos importantes, y no en nuestros derechos.

Este asunto lo traté en la Facultad de Derecho de Huelva. Nunca se me olvidará el escándalo que se organizó, para que, al final, la realidad nos diera la razón. Ocurre que, cuando se dicta una sentencia que reconoce que ha habido una violación, hay que modificar el Código Civil, porque aparece un nuevo derecho. Mi derecho a decir que no, en mi cama y al marido legal, en uso de mi verdadera libertad como ser independiente. Desmontar las aristas jurídicas del patriarcado sigue siendo capital, porque es lo que te coloca ante la realidad última de ser o no ser ciudadanas portadoras de los mismos derechos, aunque en algunas circunstancias con elementos diferentes, derivados de la distinta biología entre hombres y mujeres.

Igualdad entre hombres y mujeres

¿Cómo conseguir una diversidad justa? ¿Cuál es el equilibrio entre la igualdad y la libertad? No es posible dedicarse a la política y eludir estas preguntas; tampoco es posible en el feminismo ni en la vida, pues. La idea del Estado de Derecho y Democracia parte de una responsabilidad común: no importa dónde hayas nacido y cómo, hay que convertir en iguales las oportunidades para todos. Para esto, debo hacer varias cosas: enlazar los conceptos de fraternidad y equidad, que el feminismo aplica a la condición sexual, sustituir lo privado-público por lo personal-colectivo, y, por último, garantizar el binomio igualdad-diversidad, y, por este orden, primero, igualdad.

La idea de la igualdad es la que se levanta como un titán poderoso al inicio de la revolución política moderna y desmonta prácticamente todas las estructuras anteriores. Posiciones como la de que los ricos son más listos que los pobres, y lo son por herencia, lo de que la gente blanca es mejor que la gente racializada, y una larga historia de prejuicios que podríamos alargar infinitamente a modo de ejemplo. La forma de vivir y organizarnos que habíamos aceptado y bajo la que habíamos vivido creyendo que algo natural y divino determinaba ese orden se desmonta. Se abren dos grandes líneas de pensamiento y acción, y una de ellas se enfoca sobre la izquierda, reclamando el fin de todas las desigualdades. La izquierda empieza a construir entonces un proyecto ético y político donde todos vivamos a partir de la dignidad; donde podamos votar que el poder no le pertenece a nadie por apellido o posición, porque el poder pertenece al pueblo soberano, como reza en todas las constituciones de las democracias modernas.

Ocurre que en el primer minuto de esta nueva línea de pensamiento y acción no entra el feminismo, porque el patriarcado continúa y hace girar la política según sus parámetros, incluso navegando ya en aguas revolucionarias. Ahí está el grandísimo error del mundo políticamente moderno al no contar con nosotras. El feminismo nace espoleado cuando la sociedad patriarcal deja fuera de esa lógica de la modernidad a más de la mitad de la población, tanto a ricas como a pobres, a todas. De repente, las mujeres se dan cuenta de que la revolución que lucha contra las viejas ideas de poder absoluto del Antiguo Régimen es insuficiente; que no basta con recortar derechos a la aristocracia y el alto clero, que hay un sinfín de cuestiones de las que nadie se va a hacer cargo, precisamente aquellas que nos tienen absolutamente condenadas, como seres humanos, a las mujeres. En ese momento nace el feminismo. No hay rama del feminismo que no entronque en la igualdad. Necesariamente es lo que denominamos izquierda lo que recoge esa línea de pensamiento que desmonta el poder absoluto del Antiguo Régimen y toda forma de poder históricamente organizada al margen de los derechos del pueblo soberano y de los individuos libres considerados ciudadanos; pero fue eso, ciudadanos, en masculino.

El feminismo nace, por tanto, inevitablemente progresista e introduce la perspectiva de sexo sobre la idea marxista de la lucha de clases. Al final y al cabo, el sexo y la clase en la que se nace son los dos mayores condicionamientos a los que se enfrenta en su vida el ser humano: si eres hombre o mujer, si eres rico o pobre. A eso se le pueden añadir después la raza, la religión o la orientación sexual, y muchas otras circunstancias. Por eso el artículo 14 de la Constitución y todos sus equivalentes en otras constituciones del mundo hablan de las «circunstancias personales o sociales», porque pueden funcionar como agravantes. La idea de diversidad se encarga de establecer las múltiples composiciones que nos acaban afectando a cada uno de nosotros, considerados individualmente.

Cuando desde el movimiento feminista empezamos a tirar del hilo de la igualdad, ya pusimos contra las cuerdas la lógica que nos ha dejado fuera a las mujeres. ¿De qué igualdad nos hablaban? ¿De qué pueblo soberano, si nosotras no formábamos parte de esa concepción de pueblo soberano que se expresa en el sufragio o en el reconocimiento de todos los derechos humanos? ¿Y en qué consiste la igualdad que nos ofrecieron después? En que nos parezcamos a ellos, que nos convirtamos en hombres porque no están dispuestos a revisar su idea, sino que somos nosotras las que debemos adaptarnos a ella. Hasta el punto de que en España recordemos que las primeras mujeres en asistir a la universidad lo hacían vestidas de hombres, es célebre el caso de Concepción Arenal.

Ellos aceptaron la pertinencia del concepto de «igualdad», redefiniéndolo primero según sus parámetros masculinos. Tuvimos que adaptarnos a toda su nomenclatura cuando el Estado moderno en el siglo XX nos aceptó en el concepto de igualdad, nos convirtió en ciudadanas y reconoció nuestros derechos, levantando discriminaciones legales. Pero antes, en el siglo XIX, nació una nueva feminidad que navega en una contradicción. Por un lado, somos más visibles y más libres; por otro, se tiene que insistir en nuestra incapacidad para justificar que no se nos dé acceso desde el principio. ¿Qué otra razón podía haber? Este es el origen de la famosa polémica ilustrada sobre los sexos y de que entre los siglos XVIII y XIX se construyera una teoría regresiva sobre lo que habíamos sido las mujeres hasta ese momento, en algún siglo anterior con más libertad, incluso. Algunos pensaban que el cerebro estaba conectado con el útero y que por eso nuestro cerebro no era como el de los hombres, porque estaba adecuado exclusivamente a las funciones de reproducción de la especie. No era un cerebro que sirviera para la reflexión. El propio Kant llegó a afirmar que, cuando una mujer sostiene dos o más ideas, se encuentra a punto de salirle barba. Por eso hay toda una literatura que denosta y ridiculiza a la marisabidilla. La «culta latiniparla», la llama Quevedo con sorna ya en el siglo XVII. Por eso permanece en las mujeres cierto recelo a demostrar su superioridad intelectual ante el varón, un miedo intrínseco a que nos ataquen al sentirse intimidados en sus relaciones con nosotras. En el siglo XIX hubo que reforzar paradójicamente los estereotipos que menoscababan la feminidad para justificar que no seríamos parte del proyecto de la revolución política, sino que tendríamos que pelear nosotras por ello. Concepción Arenal, como ya he mencionado, fue a la universidad vestida de hombre, pero no debió de ser tanto por darle la razón a Kant, asimilando rasgos masculinos, como por negarse a quedar marginada a nivel intelectual por razón de su sexo.

Simone de Beauvoir afirmó justamente que naces con un cuerpo de mujer, y es el patriarcado el que te construye la feminidad: «No se nace mujer, se llega a serlo».[1] El patriarcado ha leído solo esa frase sin entender que lo que Beauvoir afirma es que la mujer nace como un ser libre, completo y perfecto en un mundo donde la referencia no es ella ni la realidad contundente de su cuerpo. Sobre ese cuerpo se construye un conjunto de cánones que beneficia al sistema, y partiendo de esa construcción, nos reducen a parir, a ser bellas y a tener una vida apéndice de la vida de otros. Naces mujer y te construyen. Lo que nosotras queremos es que no nos construyan; que cada una y uno se encarguen de construirse en su proyecto de libertad, para lo que se necesitan condiciones de igualdad para todos... y todas.

El propio Jean-Jacques Rousseau afirmó en su *Emilio,*

1. De Beauvoir, Simone, *op. cit.*

que es un tratado de Pedagogía, lo siguiente: «Sophie no es más que un ser humano que ha venido a este mundo para hacer feliz a Emilio, que es quien va a protagonizar la vida».[2] Esto es terrible y sirve para ilustrar lo que ha ocurrido con los conceptos. Rousseau dice, literalmente, que el cometido de una mujer es hacer feliz a su marido; que debe aguantar en el matrimonio si es necesario, porque esto forma parte de su destino vital y del papel que tiene que cumplir dentro del orden social general. A este tipo de planteamiento, por suerte, hubo quien replicó. En España tenemos el caso del padre Feijoo, un cura ilustrado y nuestro primer liberal, que denunció en su *Defensa de las mujeres*[3] el desatino implícito en ideas como estas. Efectivamente, las mujeres no tenemos por qué aguantar en un espacio de transgresión de nuestra integridad física y moral. Para acabar con esa idea, hay que recordar lo importante que sigue siendo el divorcio, y que el porcentaje mayor de violencia contra nosotras, los asesinatos, se producen justo cuando las mujeres deciden romper las parejas; estadística pura y dura de este presente. Nosotras queremos salir del género y construir, desde nuestra libertad como ciudadanas de sociedades libres, nuestro proyecto vital en igualdad de oportunidades.

Partiendo del continuo teórico la «diferencia sexual»

2. Rousseau, Jean-Jacques, *Émile ou de l'éducation,* 1792. [Hay trad. cast.: *Emilio o de la Educación*, trad. Mauro Armiño, Madrid, Alianza, 2011.]

3. Feijoo y Montenegro, Fray Benito Jerónimo, *Defensa de las mujeres,* 1726. Consultado en <https://www.filosofia.org/bjf/bjft116.htm>, octubre de 2023.

entre hombre y mujer que abordaron Freud, Lacan y, más recientemente, la antropóloga mexicana Marta Lamas y la filósofa italiana Rosi Braidotti, entre otras, nuestro objetivo ha sido poner en evidencia que el conflicto radica en las consideraciones de género, no en el sexo. El género como categoría analítica es meramente instrumental, tan solo válido para desmontar la idea de que existe un compartimento por el que todas las mujeres tenemos que ser construidas artificial y uniformemente para los fines de una sociedad desigual e injusta con nosotras. Queremos ser mujeres. Simple y llanamente. Para este fin, las estructuras deben transformarse de manera sustancial. El patriarcado nos acepta como género femenino, pero no como sexo mujer. Esa es la clave. Como género femenino, te acoge con los brazos abiertos, te prostituye, te casa, te vende con una dote. Como género, le venimos muy bien. Por eso defiendo que la doctrina *queer* no hace otra cosa que apuntalar el patriarcado.

¿Recordáis la columna de Najat el Hachmi «Se traspasa género»?[4] Pues yo, como afirma la escritora con una claridad meridiana, te traspaso el género, todo entero. Nadie puede —es imposible— hacerse cargo del legado histórico brutal que acompaña nuestro sexo, por eso algunas cuestiones son más complejas en su falsa y aparente sencillez. En estas páginas, hablo o hablamos del cuerpo, de los usos a los

4. El Hachmi, Najat, «Se traspasa género», *El País*, 19 de mayo de 2023. Consultado en <https://elpais.com/opinion/2023-05-19/se-traspasa-genero.html>, junio de 2023

que ha sido sometido a lo largo de la historia, de los lastres que todo eso ha conllevado para nuestra libertad y dignidad. ¿No significa nada? ¿Se borran? Dotar al género de un estatus de esencialidad en detrimento de la categoría de sexo, borrando de manera sistemática las marcas que distinguen a una mujer por ser mujer, nos pone una vez más a las mujeres en riesgo de discriminación. La inmensa mayoría de las mujeres en el mundo vive todavía muy lejos de los mínimos que tenemos en Europa.

El feminismo quiere eliminar el género que nos ha encarcelado, transformado y construido sin libertad ni respeto alguno. El género perpetúa todas estas hipótesis del pasado.

El Derecho como disciplina, más aún que la política, debe fundamentarse en la realidad de los hechos: mientras no se demuestre que, por ejemplo, has asesinado a alguien, tu derecho fundamental es la presunción de inocencia. En el ejercicio de nuestros derechos solo existen hechos comprobables, incontrovertibles, verificables en el espacio común objetivable. Los deseos no son derechos, siendo extraordinariamente respetables.

Todo esto forma parte de las múltiples caras del neomachismo y de cómo el patriarcado se defiende y contraataca. Mi discurso apela a una idea en la que patriarcado y capitalismo encajan a la perfección. El mercado afrenta continuamente con sus simples normas a la propia democracia. Si todo se puede comprar y todo se puede vender, nada está a salvo de esta implacable e inhumana consigna para mi idea de dignidad, sobre la que se fundamentan los derechos humanos y las libertades. Es lo que proclaman las constituciones actuales. Desde mi punto de vista, el mundo occidental se está metiendo por caminos muy complicados, nuevos y esperanzadores. Liberadores, necesarios, mejores incluso. Pero sumiéndose, a la vez, en una deriva absolutamente incorrecta con respecto a qué son los derechos y qué es la igualdad. Me sigue preocupando un espacio político, un cuerpo u órgano electoral con mayoría de hombres. Desde el punto de vista puramente numérico, ahora mismo todos los cuerpos legislativos tienen mayoría de hombres, todavía con abrumadora posición de influencia y poder, tomando decisiones trascendentales. Me preocupa que ellos sean quienes decidan qué es una mujer y cuáles las respuestas a lo que planteamos como avance de la igualdad.

Aunque debamos ser conscientes de todos estos dilemas, el mundo va a evolucionar y debe mirar por que la gente se sienta bien en la construcción individual de su identidad. Cada vez va a haber menos compartimentos estancos, y esta estructuración será sustituida por un fundamento más amplio de la identidad o identidades. Se están rompiendo muchos estereotipos porque la dictadura del patriarcado tenía todo muy ordenado, para qué negarlo: las dictaduras ordenan todo y simplifican para aniquilar la libertad. También esto anima a ir abandonando las patriarcales construcciones de la masculinidad, cárceles absurdas de las que ahora, por fin y afortunadamente, se liberan muchos hombres.

La maternidad: reivindicación de un gran debate político

La maternidad, y todos sus efectos, ha sido ubicada en el ámbito de la privacidad, como si no tuviera la mayor relevancia vital, social y política. Las continuas conclusiones del patriarcado acerca de la mayor fortaleza física de los varones no se equiparan con la importancia, en equilibrio, de nuestra capacidad de gestar. Como ya he dicho antes, hace falta un gran debate sobre el embarazo, la maternidad y la crianza de forma global y no parcial; que ese debate se produzca en términos más claros y globales es la forma de seguir considerando el asunto más importante de la vida, el nacimiento, como algo individual exclusivamente, y de hacer que nosotras solas sigamos soportando la mayor carga, y sus consecuencias.

Las mujeres transmitimos la vida a través del parto, es un hecho. Imaginad cuánto debía agobiar esta cuestión a los hombres primitivos. ¿Qué pensarían al ser conscientes de que nosotras éramos las únicas capaces de traer nuevas personas al mundo? ¡Cuánto debía inquietarlos un parto!

Debía de ser un misterio arrebatador para ellos que fuéramos las únicas depositarias de una capacidad que jamás tendrían, y ahí empezó el lío. Ahí comenzó y no ha terminado. Nunca se nos ha reconocido a las mujeres la maternidad en términos de poder. Es aquí donde se aloja el nudo gordiano de muchas otras cuestiones. Apenas hay hombres capaces de reconocer el poder inmenso que tenemos las mujeres pudiendo quedarnos embarazadas. La pregunta es: ¿envidian a las mujeres porque somos depositarias de una llave de la vida de la que ellos carecen? La historia compartida de las mujeres ha sido también la historia del uso de la maternidad contra nosotras.

Fueron los hombres quienes se inventaron la necesidad de tener la patria potestad de los hijos que paríamos las mujeres, por tener seguridad, y es que, hasta que no ha existido una prueba científica que confirmara la filiación, ellos no han tenido la garantía absoluta de que sus hijos fueran realmente suyos. Este es el miedo con el que han vivido los varones siempre. Por eso los romanos decían que el padre era «putativo», es decir, *presunto,* subrayando la existencia de incertidumbre en la afirmación. A nosotras no nos reconocieron la patria potestad hasta el siglo xx; era una manera de alejar los demonios que siempre han tenido los hombres en la cabeza sobre la posibilidad de que los hijos no fueran suyos realmente. Esto para ellos ha sido absoluta tortura, e, inmersas en el patriarcado, es justo reconocer que nosotras hemos aguantado con fortaleza las cargas de la maternidad, y sin disponer de mecanismos de defensa legales. La historia está repleta de abortos clandestinos con finales, en muchos casos, de muerte. Muchas abandonadas, las famosas *madres solteras* sobre las que ha caído todo el oprobio imaginable, violaciones con embarazos subsiguientes, y, sobre todo, millones de mujeres muertas en los partos.

La historia del patriarcado es la historia de todo lo que se ha urdido para controlar nuestra maternidad y nuestros cuerpos. Decidieron que la patria potestad sería suya, suyos fueran los hijos o no. Con la llegada de la ciencia a nuestras vidas, las mujeres exigimos un documento que atestiguara la paternidad, en caso de que a posteriori fuera necesario pedir responsabilidades. Y, por otro lado, gracias a las técnicas de reproducción asistida ya se puede tener hijos sin relación sexual con un hombre. Durante toda la historia hemos asumido la existencia de la figura del padre desconocido. La de la madre desconocida, por cierto, no existe porque es imposible. Ellos habían jugado con los dos filos de la navaja. Tomaban la decisión de irse o de quedarse. Si se quedaban, asumían unilateralmente la patria potestad; si se marchaban, nadie iba a encontrarlos, y la madre debía responsabilizarse de la crianza en solitario. Esta es la dicotomía en la que siempre se jugaba con ventaja en la reproducción.

Las feministas, a partir del hallazgo del ADN, quisimos que una prueba científica certificara la paternidad de nuestros hijos, en caso de conflicto o duda. Cuando la ciencia no nos pudo echar una mano, tuvimos que aguantarnos, pero, a partir de los avances científicos —avances conjuntos para todos y todas, y en especial para los niños—, a partir de ese momento, ya no habría padres desconocidos. Porque, además, jurídicamente, a quien se niega a hacerse la prueba se le aplica el derecho romano, y, aun presunto, se le declara padre. Paradójicamente, nuestra historia ha sido la de presuntas madres —da risa, sí— al no haber tenido nunca la patria potestad sobre nuestros hijos. Son las barbaridades del machismo universal. Los menores deben estar protegidos por encima de todo, y, en consecuencia, no pueden tener padres desconocidos. Cabe reseñar que, según una estadística publicada en Francia a partir de las pruebas médicas, de las analíticas que se llevaban a cabo en los hospitales, el 16 % de los hijos no eran descendientes biológicos del padre oficial. Ha debido de ser siempre así, la diferencia es que ahora lo sabemos.

La necesidad de los hombres de controlar nuestra sexualidad partía de la voluntad de evitar dudas sobre la filiación de los hijos. Si una mujer disfrutaba de su libertad sexual acostándose con varias personas durante un mismo periodo de tiempo, el hombre perdía ese control y la consiguiente seguridad sobre su paternidad. Nuestra libertad representaba un peligro para ellos, el de la paternidad incierta, por eso la reprimieron, y en el control de nuestra sexualidad vino implícito el control del resto de nuestros cuerpos. La maternidad ha sido para nosotras un destino obligado y duro muchas veces, del que el patriarcado se ha servido como un arma. Hay mucho por decir: del terror al parto a lo largo de la historia y de los millones de mujeres que han muerto al dar a luz. Muchas, en el pasado, elegían los conventos por evitar el maltrato de sus maridos o por el mero hecho de no tener que afrontar ese momento, parir.

Las ideas del feminismo sobre la libertad de las mujeres nos han llevado a elegir ser madres, a no serlo, serlo solas, acompañadas, madres de hijos de diferentes padres... Cuando el sistema ha sido consciente de que habíamos dado la vuelta a la vivencia de nuestro gran poder, que es la maternidad, ha resuelto volver a plantear algo que le beneficie.

Es necesario que de una vez por todas se acepte nuestra ventaja biológica para la reproducción —como nosotras hemos aceptado, por ejemplo, su mayor fuerza muscular—, y que se reconozca que la han utilizado históricamente contra nosotras. En un porcentaje muy elevado de casos, las mujeres no se pueden defender de un hombre en un cuerpo a cuerpo. Para nosotras ha resultado tremendo porque quien se ve físicamente más poderoso está más cerca de traspasar la línea de la violencia. La naturaleza nos ha entregado el embarazo, el parto y una responsabilidad mayor en la reproducción. Ellos han utilizado los dos elementos a su favor, la fortaleza física y nuestra maternidad. En estos equilibrios y novedades se están librando muchas batallas de ahora.

Cuando intentamos contrapesar esa realidad, ya no consienten ningún tipo de desventaja, ninguna que suponga el principio de un acuerdo. Pero la realidad latente en la historia de la humanidad ha sido que yo, varón, te someto a ti, mujer, y, además, por el sometimiento físico, me garantizo algo que me causa una profunda inquietud: que mi hijo sea mío. El hombre actual conserva esa inquietud de algún modo. Tengo una anécdota al respecto: mi nieto mayor nació rubísimo, aunque mi hija es morena. Se parece mucho a su padre. Como siempre me ha gustado leer divulgación científica, y me llaman la atención estas cuestiones, pregunté a una amiga, catedrática de Genética. Ella me explicó que hay una probabilidad altísima, de casi el 90 %, de que los hijos mayores se parezcan a sus padres, y que esto sucede en todas las especies para que el padre se sienta tranquilo y seguro de su paternidad, con una simple mirada, aunque las criaturas cambien a medida que van creciendo. Curiosamente, los segundos se suelen parecer más a las madres.

La ciencia y el derecho, la política, la sociología en general, también la cultura, la psicología..., todas estas áreas conforman una especie de carcasa para el feminismo, pero el núcleo, el hormigón armado que nos permite avanzar está en la ciencia. No está siquiera en el Derecho, y trabaja a favor de las mujeres. ¿Quiero ser madre sola, cómo y cuándo yo desee? Tengo la opción de recurrir a la fecundación *in vitro,* la ciencia me asiste. Hay que pararse a reflexionar sobre esto, porque hemos alcanzado nuevas posiciones que deben ser el origen de un gran diálogo entre mujeres y hombres sobre la reproducción. Por ahí, por ese resquicio, avanza la gran causa del feminismo hacia la plena transformación, y es curioso que haya ocurrido sin combatir porque, en parte, a los hombres también les beneficia que todo este gran asunto transcurra en términos más justos e igualitarios. Aunque es el feminismo jurídico quien sentencia y articula toda esta ayuda de la ciencia en pos de la igualdad, las leyes cierran los debates y son de obligado cumplimiento en un Estado de derecho como el nuestro.

Repito: el debate sobre la maternidad sigue en marcha,

reivindico, de hecho, la necesidad de un gran debate político que todavía no se ha dado del todo ni con claridad en todos y cada uno de sus eslabones; se han hecho, pero de forma parcial e incompleta. Esa batalla ha continuado en el derecho de las mujeres, tanto heterosexuales como, especialmente, homosexuales, a la fecundación *in vitro.* A ellos sí les convenía la reproducción asistida en las relaciones hetero, porque querían ser padres, controlar el proceso, que los niños tuvieran su carga genética, y, si no, podían, recurrir a la fecundación *in vitro* para sus parejas. Fijaos hasta dónde es retorcido el patriarcado contra nosotras. Aquí es donde estamos. ¿Qué quitó el PP? ¿Qué está haciendo Giorgia Meloni en Italia con la patria potestad de los hijos de familias con dos progenitoras? ¿Quién quitó a las parejas de lesbianas la posibilidad de fecundación *in vitro* en la Seguridad Social? La derecha, claro. Ahora, de nuevo, pueden recurrir a esta técnica porque corregimos esa anomalía cuando llegamos al gobierno hace casi seis años. Esto no solo rompía el principio de igualdad, sino que, además, penalizaba a las parejas de mujeres, que son, por cierto, ambas capaces de gestar. Permitirlo abiertamente habría supuesto apuntalar una idea muy poderosa: que respetamos a dos mujeres emocionalmente unidas, homosexuales, y que, encima, como son mujeres, pueden tener hijos. ¡Y es que dos hombres no pueden! Las parejas homosexuales no pueden biológicamente. Esa es la clave continua: convertir incluso nuestras ventajas en inconvenientes. La derecha democrática española ha preferido, con sus abstenciones y con gran cinismo, no meterse en ningún avispero, aun con las limitaciones propias de su campo ideológico. No hacen más que dar palos de ciego. Es inaceptable que estemos las socialistas y las feministas clamando contra los vientres de alquiler y que los líderes de las derechas sigan sin posicionarse al respecto de forma clara.

El patriarcado nunca ha sabido manejar la maternidad en términos constructivos, lo ha hecho siempre en términos completamente gravosos para nosotras: te violo, te prostituyo, tus hijos son míos y la castidad me la guardas. Y, por supuesto, desde que tienes la regla puedes tener relaciones sexuales, aunque según la ciencia todavía seas una niña. Es evidente que el patriarcado jamás ha tenido la mínima consideración con la maternidad, a pesar de que en torno a él ha montado una mística de la maternidad como eje de toda la feminidad que ahora toca desmontar. Hemos tardado siglos en descubrir y afirmar que los desequilibrios hormonales alteran a muchísimas mujeres hasta el punto de producirles depresiones postparto. Recuerdo que, a los pocos días de dar a luz, me di cuenta de que el único problema de la vida filosóficamente considerado, el único, que no tiene ningún arreglo, es la maternidad. Todo podía cambiar, todo tenía arreglo, menos morirte. O puede que incluso en morirte veas el arreglo. Pero, cuando eres madre, ni muriéndote. No tiene arreglo. ¡Dejas a la niña sola! Si me muriera ahora mismo, pensaba, mi niña se quedaría sin madre, aunque yo no lo viera. Sería terrible para ella el resto de su vida.

El embarazo no es una enfermedad, pero es una zona de riesgo, un momento crítico de tu vida que experimenta un cambio de 180 grados. Así ocurre con todo lo relativo a la maternidad, que, insisto, es lo único en este mundo que no tiene arreglo, junto con la muerte. Cuidemos la salud mental de todas las madres, pues asumimos una losa de responsabilidad eterna y no hemos podido ni quejarnos, porque los sentimientos obligados a los que el modelo de feminidad —el género impuesto— nos llevaba era estar felices por obligación, aunque no nos sintiéramos así.

La mercantilización de los cuerpos de las mujeres

¿Hasta dónde pueden entender los hombres lo que ocurre en los cuerpos de las mujeres? ¿Acaso pueden erigirse en portavoces o mercaderes de nuestra realidad física? ¿Cuál es el límite? Como expliqué con anterioridad, en España las mujeres tuvimos que esperar hasta los años treinta del siglo pasado para que se dieran las circunstancias sociales propicias a la reivindicación de la autonomía de nuestros cuerpos, reclamando el derecho al desarrollo intelectual, accediendo a la educación. Los hombres siempre han sido mucho más dueños de sus cuerpos que nosotras porque el nuestro permaneció vinculado siempre a la sexualidad y a la reproducción. Nuestro caballo de batalla tradicionalmente ha sido la necesidad de reivindicar la propiedad de nuestros cuerpos de todas aquellas lacras a las que sigue vinculada la sexualidad, con el matrimonio infeliz, la maternidad obligatoria y la prostitución entre ellas. Un buen ejemplo actual son los recientes vientres de alquiler, que no pueden denominarse gestación subrogada, porque es imposible estar embarazado sin estarlo, como morirte en lugar de otro. No se puede gestar sin útero. En fin, la dura realidad. Las mujeres nuevamente se ven sometidas a cargas, embarazadas y alquilando sus úteros para vender a los hijos. No es este el horizonte de libertad y dignidad por el que lucha el feminismo desde la Ilustración. Especialmente porque los vientres que se alquilan son los de las mujeres pobres, en la precariedad y en la marginación.

Ser esposa fiel y leal a un marido que no te hace feliz o que te maltrata ha estado vinculado a la sexualidad, con el débito conyugal incluido en el contrato de matrimonio. El feminismo está ligado, sobre todas las cosas, a la gran corriente de defensa de los derechos humanos, por lo que defender que se regule la compra-venta de sexo supone una contradicción enorme que echa por tierra la dignidad de la existencia de muchas mujeres que se ven de esta manera cosificadas y sometidas en cuerpo y alma a los varones. Las mujeres no podemos ser, en ningún caso, instrumentos al servicio de otros: somos un fin en nosotras mismas como seres humanos completos, con nuestros propios proyectos de libertad que reclaman condiciones de igualdad idénticas a las de todos los demás. Esa es la idea civilizadora del feminismo, que implica; necesariamente, democracia y humanización. La prueba de la resistencia del patriarcado a esta idea, la diapositiva en negro de que nuestro cuerpo aún no es nuestro, es que nos siguen asesinando y violando por ser mujeres, y que, sobre estos parámetros, nos vemos obligadas a seguir luchando: aborto, divorcio, abolicionismo de la prostitución, rechazo a los vientres de alquiler... Seguimos librando la batalla por la igualdad a través del cuerpo. La tarea está sin completar, y la moral imperante, que es el mercado, se resiste y manda.

Para el patriarcado, como digo, seguimos siendo un cuerpo, nos reducen al plano físico para perpetuar la vieja idea, ahora no explícita, de que no tenemos que aspirar a tener vidas complejas ni completas. ¿Para qué? Cualquier cosa menos reconocernos íntegras, perfectas, autónomas y respetables. Cualquier cosa menos esa, y lo llaman libertad, además. La libertad de prostituirte, por ejemplo. Es un planteamiento hipócrita al que importan muy poco las condiciones en que se desarrolle nuestra sexualidad, mientras siga habiendo negocio, ni la dignidad de las mujeres traficadas con fines de explotación sexual ni las condiciones de marginación y precariedad de las mujeres prostituidas. El feminismo es la respuesta progresista y contestataria a un sistema patriarcal, de mercado, en el que nosotras seguimos siendo mercancías, en el que se perpetúa el viejo patriarcado en nuevos modelos para estar en los mismos fines de siempre. La prostitución y los vientres de alquiler no solo forman parte de nuestros derechos y nuestra integridad física y moral, sino que también son el símbolo para todas de que somos mercancía comparable y vendible.

¿Acaso es posible permitir que una situación declarada contra nosotras —e ilegal en nuestro país— ocurra? Porque sin duda sucede contra nosotras. Las mujeres reivindicamos la integridad de nuestros cuerpos porque cargamos a nuestras espaldas una historia en la que nos han sometido siempre. ¿Cómo entender que se prohíba vender un riñón y, sin embargo, en algunos países se pueda vender una vida? Es dolorosamente inaceptable. Se ha de poner en evidencia la trágica realidad de que sobre la construcción de un supuesto derecho a ser padre o madre se está cavando la esclavitud de otra persona, alguien pobre que tiene que vender a su hijo.

En coherencia con nuestro ideario democrático, nuestra agenda feminista incluye la derogación de la instrucción que ya existe de la Dirección General de Notarías del año diez para vientres de alquiler. El mismo Parlamento Europeo ha votado recientemente, con un gran apoyo, a favor de prohibir los vientres de alquiler, considerando la gestación subrogada un tipo de explotación sexual. Y de ninguna manera se podría seguir aceptando que entren por la puerta falsa, que puedan traer a los niños de gestaciones subrogadas en el extranjero e inscribirlos aquí. En un país democrático como es el nuestro, no es posible que se alquilen vientres ni se traigan niños de vientres de alquiler. Hacerlo es una burla a la ley. En esto nos van la dignidad y la ética de los derechos humanos, que están en la base de los derechos de todas las mujeres. Querer ser padres es un deseo respetable que se puede alcanzar por otras vías y no a costa de nuestra mercantilización.

Es el feminismo quien levanta la antorcha de los derechos humanos en la actualidad al combatir asuntos muy viejos que han reaparecido como si fueran nuevos, y que transmiten el cruel mensaje de que si se compra y se vende y está en el mercado, se acepta. Los y las socialistas tenemos la obligación de negar esto. Este conflicto nos atañe a todos, mujeres y hombres, no es solo nuestro. Expuesta sobre el tablero está la democracia del siglo XXI. Se nos negó participar en la del XIX, pero sin duda vamos a ser una pieza fundamental en las del XXI.

La prostitución, como los vientres de alquiler, supone la usurpación de nuestros cuerpos. Su origen, una vez más, se encuentra en la esclavitud de la sexualidad de las mujeres, de sus cuerpos sometidos a los varones como mercancía a lo largo de toda la historia. Es lamentable y significativo que en defensa de la libertad aparezcan tanto en la extrema derecha como en la extrema izquierda regulacionistas que consideren la prostitución un trabajo que deba reconocerse jurídicamente, y que ambas opciones políticas, por un extraño sentido de la libertad, caminen juntas en determinados momentos. Bajo esa idea de libertad se oculta otra, muy antigua, que funda el machismo: la de que los hombres tienen derecho a comprarnos. Sostener el derecho de los hombres a mercadear con las mujeres es de una crueldad y perversión tremendas. Recordemos que la mujer puede venderse únicamente porque hay alguien dispuesto a comprarla. Cuando alguien afirma que la prostitución es el oficio más antiguo del mundo nosotras debemos responder con rotundidad que no, que es la esclavitud más antigua del mundo. La prostitución no resiste los criterios propios del derecho laboral, y, además, las relaciones sexuales se producen en un entorno de intimidad donde, por ejemplo, el abuso o los posibles delitos que se puedan cometer desaparecen si nadie los ve, si no hay manera de objetivarlos.

Vivimos tiempos de mucha confusión y complejidad, sin embargo, el Parlamento Europeo ya ha respaldado nuestra postura abolicionista, apostando por los derechos humanos a un nivel global, que comprende los de todas las mujeres del mundo. Los mismos que se resisten a condenar su existencia entienden que si conseguimos abolir la prostitución definitivamente se van a quedar sin el servicio de prostitución. ¿En qué están pensando estos hijos del patriarcado? ¿Cuál puede ser entonces su idea de igualdad? ¿Una que lleve implícita la dignidad de la libertad sexual, también la nuestra? ¿O no? ¿Y qué clase de demócrata puede ser alguien que defiende la prostitución? ¿Qué clase de defensor de los derechos humanos fundamentales se puede ser poniéndote de perfil ante esta realidad, que, además, está conectada con la trata de seres humanos, sobre todo de mujeres y menores, con fines de explotación sexual?

La violencia machista: ejercicio de poder

El feminismo tiene una lucha, un frente abierto, que es el más urgente: parar los asesinatos machistas y preservar la integridad de nuestros cuerpos. No podemos asumir el goteo de víctimas como si debiera formar parte de la realidad. Erradicar la violencia contra las mujeres exige la implicación de los varones. La igualdad debe ser compartida en esto más que en nada. Ha sido el movimiento feminista el que ha conseguido sacar a la luz la violencia machista, haciendo que pase del ámbito privado al público y político. Las mujeres no pueden seguir siendo víctimas cotidianas sin la seguridad garantizada que implica la idea de democracia y de ciudadanía plena.

En el origen de esa acción violenta que termina en un asesinato machista están presentes la negación de la libertad, la individualidad, la igualdad y el respeto profundo hacia nuestra posición vital, como seres humanos. Es innegable —a estas alturas— que debajo del maltrato, en un porcentaje muy alto, existe dependencia emocional de la mujer hacia su pareja, pero también económica. Hacer posible la independencia económica, verdadera emancipación, es la clave para conseguir la dignidad definitiva, aquella en la que se fundamenta la libertad de las mujeres y su igualdad respecto a los hombres. Con el terror machista nos jugamos la dignidad, la igualdad y la democracia; nos jugamos el futuro del país. Erradicar la violencia machista debe ser la prioridad.

La violencia machista es el peor rostro del fascismo, considerado este como el ejercicio de poder extremo, hasta la muerte, de un ser humano contra otro, incluida la conciencia de tener legitimidad y derecho a hacerlo, por el desprecio que siente ante la consideración de la no-humanidad de quien la padece. Hay en la política actual un gran debate a derecha e izquierda, tras más de veinte años de vigencia de la Ley 2004 contra la Violencia de Género, sobre si existe o no esta violencia específica contra nosotras. Esta es la terrible verificación de cómo el machismo se revuelve, y de cómo el feminismo representa lo mejor en el avance de la democracia en materia de derechos humanos para todos, que implica el *todas*.

En términos políticos no se habló en España de violencia machista hasta la mitad de los años setenta y principios de los ochenta. Las feministas empezamos a denunciar que este tipo de violencia era una forma de terrorismo; que se trataba de actos irracionales de poder extremo que formaban parte de una violencia de carácter estructural contra nosotras, y que, por tanto, eran susceptibles de una interpretación claramente política. La conciencia social que ha emergido en la sociedad española de la actualidad contra los asesinatos machistas empezó a tejerse hace poco más de cuarenta años. Pese a la lucha histórica de las mujeres feministas, hasta el siglo XXI no conseguimos en España una decisión política y jurídica de primer nivel que reconociera nuestro derecho a ser respetadas en nuestra integridad física y moral. La Ley Orgánica de Medidas de Protección Integral contra la Violencia de Género de 2004 es la que reconoció por fin, tras más de veinte años, que hay hombres que asesinan a las mujeres por ser mujeres. La ultraderecha actual hace caballo de batalla político para derogar esta ley.

A pesar de los avances conseguidos en materia de igualdad jurídica, los índices de violencia contra las mujeres siguen siendo escandalosamente altos y absolutamente inaceptables, y no remiten. Ilustran de forma atroz la persistencia de un tipo estructural de violencia machista, incluso sin mejora alguna entre los más jóvenes —lo que añade un plus de preocupación y evidencia al mismo tiempo— en la resistencia del machismo contra nosotras.

NI UN PASO ATRÁS: CONFRONTACIÓN Y PROPUESTAS

IV

De activismo y política

¿Por qué, si contamos con un enorme potencial político y somos más de la mitad de la población del planeta, las mujeres vamos tan lentas? Porque, como explicaba al principio, carecemos de las estructuras tradicionales de organización. Hemos tenido que inventar estructuras nuevas porque provenimos de una historia, la que nos arroja el patriarcado, la de la vida doméstica, la vida pequeña; esa vida en la que hemos estado siempre y donde hemos sido capaces de hacer mucho con muy poco. Nosotras hemos sido capaces de rellenar todos los huecos y tirar para adelante con una enorme capacidad de resistencia. Seguiremos poniendo en cuestión el sistema cada vez que consideremos que no responde a nuestras demandas exigiendo respeto y democracia.

Las feministas de España vamos a seguir levantando un país, siendo ejemplo en muchos lugares del mundo. Importa que, con el extraordinario capital humano con que contamos las feministas, perfeccionemos las estrategias, los objetivos; que nos organicemos con eficacia suficiente para no desesperar porque, a pesar de que el movimiento feminista no ha tenido muchas estructuras muy organizadas, ha sido muy eficiente. Pero incluso sin estructuras tradicionales nos levantamos a decir «basta» cuando es necesario. Pese a que la sociedad, en general y como tal, no profundiza en qué es el feminismo ni sabe quiénes son sus dirigentes ni dónde están sus sedes ni cuáles son sus siglas, sí sabe que en sus pueblos hay varias asociaciones de mujeres, y que, en cuanto que ocurre algo grave, las mujeres se levantan. No contamos con una gran estructura piramidal jerárquica; no hay una líder que dé una orden, lo que en realidad es natural por el tipo de lucha que estamos afrontando. Existe la necesidad de que algún partido político traduzca con sus escaños nuestras demandas políticas, porque estamos en un Estado de derecho donde lo que queremos tiene que traducirse en leyes. Los cimientos están puestos, pero deberíamos ir más rápido. El liderazgo en el feminismo es muy coral. Hasta qué punto esto es ya una realidad que hay solo dos fiestas laicas en cualquier país del mundo: el 1 de mayo, en el que se reivindica el mundo del trabajo, y los trabajadores y las trabajadoras salen en masa a manifestarse, y el 8 de marzo, cuando, hasta en el pueblo más pequeño de cualquier país del mundo, salimos las mujeres —y cada día más hombres— a reivindicar nuestros derechos.

Las redes sociales están contribuyendo a la difusión de los cambios. Así, la reacción a los acontecimientos ocurridos tras la final del mundial femenino del fútbol ha sido extraordinaria, todas nos sentimos identificadas cuando, en lo más alto de sus carreras, en su mejor momento profesional, el patriarcado les recordaba que volvieran a la realidad de su condición de mujeres; ahí iba el beso de Rubiales. Pero eso se acabó. Las sinergias han funcionado bien cada vez que las feministas socialistas hemos sido conscientes de que teníamos una doble militancia con lealtades que son a veces difíciles de arbitrar, pero conviene que afinemos nuestras acciones todas juntas.

En casi todos los logros en materia de derechos civiles o de derechos humanos ha habido una propuesta del movimiento feminista. El tuétano de muchos de estos derechos ha corrido de nuestra mano. No es casual, por tanto, que la ultraderecha apunte al feminismo en su deseo de mantener sociedades jerárquicas, desiguales, injustas, machistas. Su negacionismo, desgraciadamente, apunta contra la sostenibilidad del planeta y la sostenibilidad de la democracia, que vendrá de nuestra mano. En algunos lugares del mundo luchan las feministas por intuición y dignidad; en España, como en otros contextos privilegiados, lo hacemos más estructuralmente, pero todo el movimiento de acción de las mujeres es el mismo. Donde queramos avanzar, habrá que poner, sin duda, a una feminista.

La política sigue hegemonizada por la perspectiva masculina, y nuestros asuntos continúan siendo tangenciales: no se consideran nucleares hasta que provocan un estallido social. Es entonces cuando asistimos al despiste general sobre cómo abordar el problema. Las mujeres, dentro y fuera de los partidos políticos, debemos tener sinergias suficientes para que algunas cuestiones tengan una respuesta más rápida. La sociedad debe adaptarse a lo que somos y necesitamos. Es desde el feminismo desde donde se plantean, en este momento de la historia, soluciones alternativas en materia de derechos humanos que penetran transversalmente en cualquier decisión relevante que estemos obligados a tomar. Para ser feminista, además de la intuición de tu propia dignidad, conviene el conocimiento de nuestra propia historia, y formación, como en todo. El feminismo es una posición política, y hay que formarse para defenderlo; tenemos que jugar con las mismas reglas intelectuales que tienen todas las grandes causas que han movido a la humanidad.

En la lucha, muchas mujeres sentimos la obligación moral de ponernos al servicio de la causa feminista porque el patriarcado va a seguir defendiendo sus posiciones —no lo olvidemos—, seguirá defendiendo cuanto pueda su estatus de privilegio. Conviene dejar muy claro que ser mujer no significa ser feminista; que una mujer en un puesto de poder no te garantiza políticas feministas, solo garantiza que la democracia es justa. Nosotras tenemos el mismo derecho que ellos a estar, pero, de ahí a que eso signifique que una mujer, por el mero hecho de serlo, garantice políticas feministas hay un gran trecho, el trecho que debemos recorrer y exigir ahora.

El feminismo requiere mujeres feministas, no es *mujerismo*, no te apoyo por el mero hecho de ser mujer. Este suele ser el argumento tramposo y capcioso que utilizan algunos, muy malintencionadamente e ignorantes. Tampoco es lo mismo paridad que feminismo: paridad es democracia, aunque se identifique la paridad como síntoma de feminismo. La Ley de paridad consiste en desarrollar el artículo 9 de la Constitución con arreglo al levantamiento de los obstáculos que impidan la igualdad.

Asistimos al surgimiento, en los últimos tiempos, de un neomachismo ejercido en política por mujeres que están ahí por el trabajo que antes que ellas hicieron otras mujeres en su favor, pero que, sin embargo, defienden los intereses del patriarcado, y continúan sosteniendo la estructura que a nosotras nos condena en muchas cuestiones. Son mujeres que no proponen una nueva perspectiva política, una perspectiva profundamente democrática, tamizada siempre por la idea de la igualdad entre hombres y mujeres.

El feminismo en la agenda del Estado: tareas pendientes

Tenemos la obligación de integrar la historia del movimiento feminista en lo que vendrá. Por fin podemos decir que el feminismo está en el centro del debate político y que algunos de sus ejes son centrales: nuestras propuestas se han puesto por fin sobre el tablero del Estado. El feminismo tiene tres tareas pendientes que se solapan y que poseen ya una cronología:

- Históricamente, seguir desmontando el patriarcado. Cambiar mentalidades, en términos jurídicos y éticos; impedir la desigualdad jurídica por todos los medios y en todos los residuos que queden en todos los lugares del mundo.
- Consolidar la igualdad entre hombres y mujeres en el verdadero concepto de la democracia, al fomentar otros modelos sociales y culturales de ser mujeres y hombres, tarea en la que nos acompaña la propia Constitución, en el juego de los artículos 9 y 14.

Además, no podemos olvidarnos de toda la legislación sobre igualdad de género en su desarrollo, incluida la constitucionalidad plena otorgada por las sucesivas sentencias del Tribunal Constitucional, sentencias que no han venido a decir otra cosa, en términos técnicos y políticos, que ese es el verdadero sentido de la democracia plena, razón de orgullo político para las socialistas feministas por cuanto ese desarrollo legal ha sido de nuestra mano institucional.

Cuando por fin empieza a desmontarse la organización patriarcal, las mujeres irrumpen en todos los sitios y los transforman. Una parte de ese proceso está reglado, pero otra no. Forman la parte reglada todas las leyes de discriminación positiva, listas cremallera y paridad. Esas son las que levantan la prohibición y hacen que cuaje la igualdad. Primero levantamos la prohibición y después consolidamos un nuevo espacio, forzándolo, porque por sí solo no se movería. En eso hemos insistido las feministas: hay que forzar ese espacio. El neomachismo siempre ha hablado de la evolución natural de los acontecimientos, y ya sabemos: «Que nada cambie por sí solo».

— En tercer lugar, la emergencia paulatina de las propuestas innovadoras de las políticas feministas, entroncadas fuertemente en el presente siglo con los idearios ilustrados y el humanismo en todos los campos.

Las socialistas hemos tardado veinte años en conseguir que nuestros compañeros varones entendieran que, después de ciento treinta años, era hora de que las listas fueran encabezadas por mujeres. Las militantes dimos aquella batalla con toda la artillería, y vencimos, pero algunos hombres pensaron que les estábamos quitando el sitio. Por eso creo que algunas mujeres tenemos, aunque nadie nos lo pida, un plus de obligación respecto a algunas cuestiones que debemos afrontar tanto si acaban saliendo adelante como si no; cuestionar aquella vieja idea para la izquierda de hasta dónde deben llegar las reivindicaciones cuando se toca el poder real masculino. Y no, no necesitamos portavoces. Basta con que los hombres entiendan que el feminismo es el 50 % de la democracia y ayuden. En este caso, hablo de mi partido, el más comprometido con el feminismo, y a los hechos me remito, ni que decir tiene lo que las derechas piensan de esto. Recurren, desde el Partido Popular, todas las leyes de igualdad, y, salvo en cuestiones puntuales, van a rastras y en contra de lo que el feminismo supone como cambio estructural de todo el modelo. En sus pactos con Vox, la cesión ha sido a costa de las obligaciones político-democráticas con los derechos de las mujeres, sobre los que no deberían haber retrocedido aceptando, pero así ha sido.

El Estado en su agenda y las democracias en sus preocupaciones van a darse cuenta de que están opacando continuamente los muchos problemas y las realidades a las que se enfrenta más de la mitad de su población. Irrumpe este cambio de manera puntual con algunos temas: el derecho al aborto, al divorcio... Sin embargo, eso no es una verdadera deconstrucción del sistema patriarcal. La gran propuesta del feminismo es que ese proceso se plantee de forma mucho más compleja, muchísimo más profunda. Limitar el debate a las mujeres de vanguardia, que somos feministas, ralentiza y complica el cambio. En los últimos tiempos muchísimas mujeres están entrando en la causa del feminismo; muchas de manera muy consciente se reputan feministas, lo piensan, leen, se conectan unas y otras, porque de manera intuitiva son conscientes de sus situaciones. Los temas sobre la mesa son muy complejos, y las mujeres estamos reclamando derechos humanos, políticas específicas que se adecúen a nosotras y a nuestras vidas.

El patriarcado y los hombres que lo representan, sobre todo los más furibundos, parecen tranquilos creyéndonos enredadas, ordenadas en torno a un par de reivindicaciones principales, pero ya no es así. ¿Qué está ocurriendo? ¿Acaso se está desordenando el patriarcado? El proceso se ha puesto en marcha en muchos casos de manera muy sencilla: «Ya no aguanto esto». «No sé si soy feminista, si soy progresista o qué soy, pero en cualquier caso no voy a aguantar malos tratos, que me paguen menos que a un hombre en una misma posición, que me cueste la vida mucho más trabajo que a los hombres que me rodean». «No voy a aguantar casarme porque haya que casarse, no me quiero casar, no voy a mantener una relación dañina». De manera muy intuitiva, muchas mujeres entienden la situación: estamos rompiendo la idea del patriarcado, una idea piramidal muy ordenada, y basada en la suposición de que el eje correcto de la vida es el que marca el hombre. El varón ejerce el poder, y en la base de la pirámide estamos las mujeres. Esta idea se va acabando a pasos agigantados.

Estos son los parámetros con que el feminismo mueve la historia, y en parte se solapan. Estamos entrando en el combate del tercer tramo, que es el que más me interesa, porque la derecha pretende mantenernos excluidas. La derecha nos discute que tengamos que cambiar las normas para estar. De hecho, va a rastras. Es el Tribunal Constitucional el que nos ha apoyado afirmando que todas las leyes de igualdad eran constitucionales, pero la derecha no, y, cuando entramos en el tercer tramo, que parte con mujeres feministas —y no significan lo mismo en los cargos que simplemente mujeres—, la derecha se viene del todo abajo, y con ella también algunos hombres como colectivo, porque aquí por fin entran en conflicto nuestros intereses. Hay muchos hombres que, por ejemplo, abogan por mantener la prostitución; es una opción para ellos y se reputan demócratas. En cambio, ya empezamos a entrar en disputas con los colectivos LGTBI. Pero esto tenía que llegar porque, insisto, forma parte de la madurez del feminismo, de su potencia, de su necesidad en cualquier lugar del mundo para posibilitar la evolución de los sistemas políticos y jurídicos con relación a nuestros intereses, y, claro, hay algunos intereses contrapuestos, y habrá que hablar y negociar; ya tenemos potencia más que suficiente para hacerlo y encontrar salidas justas.

Las que llevamos mucho tiempo en las filas del feminismo sabíamos que este momento llegaría. Muchas teóricas lo habíamos previsto y manifestado en alguna ocasión. Ellos van a aceptar lo básico, pero no la igualdad efectiva, porque supondría tener que renunciar a toda una historia de privilegios. Por otro lado, nuestra incorporación integral a la ciudadanía trae cambios profundísimos porque nosotras hemos sido discriminadas por razones muy profundas. Nunca ha ocurrido por razones superficiales. Se ha dudado de nuestra naturaleza y de nuestras capacidades y se nos ha obligado a vivir en función de la maternidad. Nos han discriminado por razones tan profundas como nuestra propia naturaleza, y somos más de la mitad de la humanidad. Hemos existido en el pasado fundamentalmente para reproducir la especie. El discurso del presidente de China del 3 de noviembre de 2023 consistió en pedirles a las mujeres chinas que construyeran una familia, se casasen y tuvieran hijos. Literal. Por tanto, venir a desmontar a este nivel la superestructura no es tarea fácil. Se cuestiona la maternidad, los tipos de maternidades, la familia, la orientación sexual... Estos debates están pujantes en la política actual del mundo. El feminismo ha venido a poner la política en trance de cambio real. ¿Cuántas mujeres que habían renunciado al proyecto de ser madres han cambiado de idea? ¿Y cuántas que parecían nacidas para la maternidad han preferido no serlo? Muchas, y si han podido elegir ha sido gracias a este movimiento liberador del que venimos todas y aquí reflejamos.

Queremos que la otra parte negocie de una vez por todas y con la convicción profunda de que esta es la nueva y mejorada sociedad que estamos creando. Al mismo tiempo, hay una parte furibunda de este sector que niega todo, deseoso de que vuelva el nacionalcatolicismo y que vayamos todas a misa con mantilla los domingos. Ante este tipo de manifestaciones en España, resulta sorprendente que otras derechas sean más razonables, que sea la derecha francesa de la expresidenta del Parlamento Europeo, Simone Weil, la que proponga desde sus posiciones la ley que permite abortar a las mujeres en Francia. Esa derecha está aquí desaparecida en combate, y su equivalente, que debiera ser el Partido Popular, ha recurrido la ley del aborto, sin que se sepa en público qué piensan realmente. Falta que el campo conservador —de la ultraderecha no esperamos nada— entienda más, mejor y rápido que una parte de lo que proponemos es más democracia y mejor democracia para todos y todas, sabedoras de que otras propuestas, por progresistas, son inasumibles para la derecha... Pero es que la derecha española no ha llegado ni siquiera a ese punto todavía, a diferencia de otras en Europa. Vox no cuenta, en este caso. Evidentemente no va a entrar nunca en el ámbito de aprobación de estas políticas porque toda la proclama feminista que le conocemos a Vox es su líder diciendo en el Congreso de los Diputados que en su casa manda su mujer, algo que ya decía Franco, y también era verdad. La ultraderecha queda al margen de la aprobación de las leyes de igualdad, pero, en su caso, no nos sorprende.

Este orden de factores no es casual, es consecuencia de que el patriarcado permanezca en la gran estructura que sigue moviendo el mundo. El feminismo, además, está por fin en el mercado político y por ello —¡cómo no!— se sienten obligados a combatirlo. La caída de este sistema es la revolución más importante que la humanidad va a llevar a cabo y la más profunda porque afecta a lo público, al modelo de relación personal y, en general, a todo el orden social. ¿Cómo no entender la controversia política y el desasosiego que este tipo de horizonte genera en las derechas?

Las feministas llevamos décadas preguntándonos cuándo avanzará más todo, cuándo se dará cuenta la democracia de que tiene muchos temas pendientes y no los puede dejar aparcados para que los batallemos solas en muchas ocasiones y con fuerzas tan desiguales. La agenda feminista al final le ha estallado en la cara en las últimas elecciones a todo el mundo.

La diversidad: callejón sin salida para la igualdad

La igualdad es la gran idea civilizadora de la humanidad, pero resulta tan compleja e implica un esfuerzo tan grande sacarla adelante eliminando la desigualdad que demasiado rápido la están sustituyendo algunos por la diversidad, mucho más susceptible de trucaje. El salto peligroso que hemos dado en estas primeras décadas del siglo XXI se debe a que la igualdad de trato, pilar de la igualdad general, se ha convertido más en una defensa y atención de la diversidad al anteponerse a la propia igualdad. Quienes no trabajan en la igualdad porque prefieren la diversidad están comprando la diversidad inicial, que pasa por mantener la injusticia recreándose en las diferencias. No se trata de ser idénticos los unos a los otros, no es posible, es aún más sofisticado: se trata del derecho a ser tratado de igual manera porque somos distintos. Defender la diversidad no es el final del camino, sino el principio. La diversidad es el resultado de aplicar las actuales políticas modernas de igualdad. Saltarse esa lógica es no defender la igualdad.

Tendrá que llegar un momento en que no sea necesario hablar de las diferencias entre personas racializadas y blancos, homosexuales y heterosexuales... Por eso sigue siendo lo más urgente abordar la radical idea de la igualdad de la naturaleza humana para poder desarrollar la diversidad, y no al revés. El feminismo sigue conectando vasos comunicantes con otros colectivos en la lucha por la igualdad de trato y de oportunidades, pero su potencia es mayor cuando abarca siempre a la mitad de esos colectivos, en principio, de cualquier colectivo humano.

La diversidad social debe ser consecuencia de una sociedad igualitaria. Si aceptamos esa discriminación inicial sin pasarla por la máquina de la igualdad, vamos a quedarnos con la misma discriminación, pero con la *cara lavada.* Priorizando el concepto de diversidad sobre el de igualdad no estamos construyendo nada nuevo ni mejor, en absoluto. Es la gran propuesta del mundo neoliberal; en el fondo, se trata para ellos de mantener la desigualdad que consideran «natural» y «útil». La línea conservadora central todavía no tiene claras las implicaciones de una igualdad verdadera, mientras que la izquierda en el sentido amplio sí se mueve en la línea central.

En zona de conflicto: tu privilegio o mis derechos

Simone de Beauvoir, Kate Millet o Carol Hanisch advirtieron que la política entraría en lo personal, como está ocurriendo. Muchas batallas éticas vendrán a partir de ahora del campo de las mujeres. De hecho, ya estamos en zona de conflicto: tu privilegio o mis derechos. Se ha puesto sobre la mesa la dicotomía entre lo público y lo privado, y a los hombres se les ha descompuesto su extraordinaria comodidad. Lo privado, sostenido gratis económica y emocionalmente por las mujeres, y lo público, dirigido al desarrollo de su proyecto personal y social. Las mujeres hemos permanecido en lo privado, mientras ellos han jugado a que en política solo existe lo público. Ya estamos por fin en los espacios colectivos. El feminismo ha roto la condena de la mujer a no estar en lo público, y a que sus temas sean privados o personales exclusivamente.

La política, gracias al feminismo, ha entrado en un espacio que no se ha considerado político hasta ahora, el de lo íntimo, lo particular, lo que se ha entendido como personal.

En la esfera de lo personal me defino e incluso puedo pleitear con el Estado. Se ha desmantelado la anterior dicotomía patriarcal entre lo público y lo privado, y se ha sustituido por la que coloca lo personal frente a lo colectivo. Esto en lo que concierne a lo político, pero, en la realidad, quedamos aún lejos de acceder a la lógica económica, porque las mujeres están todavía a mucha distancia de ser las dirigentes de las grandes compañías multinacionales, de las grandes riquezas. La lógica del poder capitalista es aquí bastante depredadora. Existe, de hecho, mucha literatura sobre el carácter de reafirmación de la masculinidad intrínseco al poder económico, sobre el empoderamiento que les aporta sentirse superiores económicamente.

Y no lo aguantan, no todos los hombres aguantan que sus parejas sean más listas o más poderosas que ellos. O quizá sea mejor decir que son pocos los que resisten un choque frontal con una mujer. ¿Cómo manejar que tu pareja gane más dinero, tenga un currículum mejor que el tuyo y sea más culta que tú? ¿Cómo puede o debe reaccionar un hombre cuando ve cuestionada su más profunda idea de masculinidad? Lo estamos viviendo, estas cuestiones no se han resuelto todavía. Hacen falta hombres muy seguros de sí mismos para estar a la altura del prototipo de mujer de estos tiempos en muchos casos. Esto ocurre con diferente contenido o intensidad en cualquier sociedad del mundo porque allí es donde se están dando los grandes cambios del modelo de vida. Nuestra incorporación a la esfera pública trae cambios profundísimos a todo el orden social.

Sobre el lenguaje inclusivo, espejo de la realidad

Se nos ha criticado mucho a las feministas por reivindicar la inclusión de modificaciones lingüísticas que permitan que el idioma, en general, sea reflejo certero de una realidad social diferente, con nuestra incorporación en todos los planos. Creo, por ejemplo, que la Constitución tendría que llevar mucho tiempo normalizada lingüísticamente. Ahí las mujeres, que aún vamos detrás del hombre para heredar el trono, no aparecemos ni de ministras ni de diputadas ni de presidentas, es decir, ni siquiera cuando es correcto y existe su realidad, el femenino está corregido en la carta magna.

Siempre he sostenido que modificar la Constitución empleando un lenguaje que incluyera también lo femenino no supone, de hecho, una reforma constitucional, sino simplemente adaptar la norma a un lenguaje que podamos aceptar las mujeres porque nos visibilice. Es algo que genera mucha controversia porque quienes defienden que el lenguaje no sea inclusivo son los mismos que se suelen encontrar en la trinchera de negar en muchos casos la igualdad. Porque igual que les cuesta mucho admitir que el prototipo de persona en el derecho es un varón encubierto, no aceptan que el masculino en la lengua no puede ser universal y normativo para nosotras. No es casual que uno de los caballos de batalla de la ultraderecha sea la erradicación del lenguaje inclusivo y que nos llamen como a hombres. Hemos vivido momentos ridículos en los que, a mí, sin ir más lejos, se me denominaba «vicepresidente» con insistencia. Conseguir generalizar el lenguaje inclusivo supone alcanzar otra gran posición política. Lo ilustra a la perfección la cita atribuida al filósofo George Steiner: «Lo que no se nombra no existe».[1]

Cuando prometí el cargo de vicepresidenta durante el primer gobierno del presidente Pedro Sánchez lo hice de esta manera: «Prometo estar en el Consejo de Ministros y de Ministras». Y fue noticia, como también lo fue el pasado mes de noviembre cuando la actual ministra de Igualdad, la socialista Ana Redondo, añadió «por supuesto» a «ministras» al prometer su cargo. Algunos académicos se revolvieron. Porque si lo relevante es que soy mujer y tú no me permites cambiar la lengua, me haces invisible o, al menos, lo intentas. Lo significativo aquí es que soy mujer, y este es un caballo de batalla que no es menor ni casual. Todo lo que estamos tocando, incluida la lengua, son núcleos sobre los que se está debatiendo para desmontar indignidades y construir una democracia realmente igualitaria para hombres y mujeres. ¡Sí, mujeres!

1. Steiner, George, «Cuando el rayo habla, dice oscuridad», en *Fragmentos,* Madrid, Siruela, 2016.

Con todo, tuvieron que asumir que sí estábamos ahí, que formábamos y formamos un gran movimiento político que conlleva el despertar de las mujeres a su poder personal y colectivo, y aceptar el feminismo como estructura. Después, una vez que se hizo del todo innegable su presencia, han ido a combatirlo y no de frente, porque eso no es posible en rigor democrático. Se debe a que la gran idea del movimiento feminista, la igualdad de oportunidades, es justa. Como esa petición esencial es irrebatible de frente, se ven forzados a rebatir por caminos tortuosos, diciendo, por ejemplo, que flexibilizar el masculino normativo en sustantivos y adjetivos destroza el idioma o desmonta el derecho, aunque se trate de usos que se acaben generalizando. Nosotras tenemos el legítimo derecho de participar y recomponer un acuerdo. Todo tiene que ser mitad suyo y mitad nuestro, y negociar. No es posible entender que no podamos debatir sobre el idioma, hacerlo inclusivo, pero ellos se resisten, y, cuando se atisba esta posibilidad, llevan el tema hacia la ironía, porque a veces con el dolor te da la risa. No deberíamos entrar según a qué debates o a cómo se formulan. Sería conveniente al menos dar como respuesta la ironía.

Recuerdo cuando Bibiana Aído vino de ministra a la Comisión que yo presidía y soltó lo de «miembras». La situación fue tragicómica. Durante aquellas semanas reflexioné mucho sobre esta cuestión, y deduje que el hecho de que el término sea correcto o incorrecto utilizado en femenino es algo que nos tiene que llevar al debate; poner encima de la mesa una opción que incluya a las mujeres, que nos represente y dé visibilidad sin que esto levante tantas ampollas; debemos aclarar cómo hacerlo, pero en ningún caso discutir que se haga o negar que podamos hacerlo.

Recuerdo que, al día siguiente de las declaraciones de Bibi, cuando yo entraba al Congreso, me pararon todos los medios de comunicación. «¿Usted qué opina sobre esto de "miembro"?». Respondí que *haberlas, haylas,* porque somos diputadas; que lo que no existe es *obispa*, porque no hay ninguna en nuestro país. Quise darle el giro a una polémica vacía de contenido para hablar de algo mucho más importante desde el punto de vista feminista. Existimos, luego el idioma tendrá que aprender a nombrarnos como parte de la realidad. Aquellos días lo que ocurrió es que se puso en evidencia que, muy por debajo de las apariencias y florituras técnicas, el sistema en general se revuelve contra nuestra presencia y exigencias, o, como mínimo, no acepta nuestras *indicaciones,* porque se cuestiona siempre que tengamos legitimidad para hacerlas.

Feminismo y democracia: una revolución diaria

El feminismo es la democracia del siglo XXI. Lo nuestro, que nunca ha sido importante ni prioritario, empieza a imponerse. Al fin progresamos a mejor ritmo. Los avances de más de la mitad de la población deben formar parte de los grandes objetivos del Estado, deben ir más rápido. Por fin hemos eliminado las discriminaciones legales y estamos en la siguiente fase, que reivindica con urgencia el fin del sistema patriarcal con más determinación democrática, y por ello asistimos a un momento crucial de nuestra lucha.

El movimiento feminista ha ido proponiendo, forzando el sistema imperante con una línea muy fina de observación; ha ido generando democracia allí donde no la había, y garantiza, de hecho, la democracia. Como expliqué antes, son las mujeres las que están frenando el avance de la ultraderecha en muchos países; España o Polonia sirven como ejemplo, o Estados Unidos. Si alguien pensó que el feminismo consistía en un detalle menor de nuestro sistema político o que venía a blanquear el patriarcado se equivocaba. La dificultad radica en que el patriarcado no está dispuesto a ceder terreno fácilmente. El peor rostro de lo que afirmo es la violencia de género, y la negación específica y empecinada que hace de ella la ultraderecha no es en absoluto un asunto menor.

Hemos vivido en una democracia incompleta. La fórmula democrática tiene una serie de elementos constitutivos que, hoy por hoy, son universales e incontestables, y que se resumen en que el origen del poder está en el pueblo y el pueblo tiene derechos frente al poder. El poder, para no ser absoluto, tiene que estar dividido en tres especialidades, y es el pueblo quien decide, en última instancia, mediante su participación política. Este es el esquema de la democracia. Si se obvia a más de la mitad de la población, no se está cumpliendo. Sin nosotras, no hay democracia.

El feminismo cuestiona algunas bases sobre las que se ha construido la democracia. Democracia que, por cierto, se inicia sin nosotras, con un déficit de doscientos años durante los que no hemos estado presentes en los espacios de poder porque se nos negaban o se nos limitaba el acceso a la participación en cualquier caso, sin contar con nuestra historia. Llegados a este punto histórico de desarrollo democrático, debemos repensar esos supuestos. Alguien dirá: «Pero, entonces, ¿las mujeres deciden sobre los asuntos de hombres y mujeres?». No exactamente, pero sí tendremos que empezar a elaborar un nuevo contrato social, como ya planteó Carole Pateman en 1988.[1] Un nuevo contrato so-

1. Pateman, Carole, *El contrato sexual*, Barcelona, Anthropos, 1995.

cial para decidir sobre asuntos que aún resultan peliagudos, y es que la política del siglo XXI ha entrado en terrenos desconocidos: ¿hasta dónde pueden entender los hombres qué ocurre en los cuerpos de las mujeres como para defender nuestros intereses? Solo podremos cumplir nuestros objetivos si contamos con una estrategia inteligente, porque esta es una revolución *sui generis;* es una revolución mayúscula, y requiere una reflexión sincera, profunda y constante, y, a veces, diferente sustancial y metodológicamente de otras conocidas en la historia.

La diferencia entre la revolución feminista y las anteriores es que entra en un espacio que hasta ahora no se había considerado objetivo político en sentido estricto, el espacio de lo personal. Hasta ahora habíamos considerado oficialmente políticas nuestras vidas externas: la regulación de nuestros trabajos, el desarrollo de infraestructuras, la regulación de los salarios, nuestro derecho a deambular por la calle, a organizar una manifestación... Es decir, se habían regulado en lo que consideramos las partes más externas de nuestras vidas, nuestro derecho a asistir a una escuela o ser atendidos en un hospital... Con el feminismo, la política entra en lo que tradicionalmente reconocemos como «personal», y lo pongo entre comillas porque, para mí, toda política es personal. El derecho a la salud se relaciona directamente con algo tan íntimo como estar enfermo; el de manifestación, con algo tan propio y auténtico, tan genuino, como posicionar nuestras propias ideas. Pero los hombres, que han sido dueños de la idea de la política, de lo que es político, de lo que salta a la política, de lo que consideramos agenda porque solo han dominado ellos en el pasado, siempre han llevado a la cara oculta de la política lo considerado personal, forzando a que permaneciera en el ámbito privado, ahí donde a nosotras nos maltrataban pero no era delito, y nos violaban pero tampoco era delito. No teníamos derecho a tener dinero, pero no suponía un problema jurídico; que nuestros hijos no fueran legalmente nuestros porque el hombre conservaba la patria potestad era otro detalle sin importancia. Nosotras hemos vivido en lo privado, y el hombre ha jugado a la ficción de que existe en lo privado y en lo público. Porque es una ficción. Ha jugado a que en esa ficción la política pertenece a lo público, y la vida íntima se relega al ámbito privado. Otra ficción, por cierto, con la que ha roto el feminismo, sin dejar de saber y defender que existe lo personal e íntimo, y lo colectivo y social, naturalmente.

Cuando nosotras hemos denunciado que cabe la posibilidad de que sean nuestros propios maridos los que nos violen, les hemos roto lo privado y la condena de las mujeres a quedarse fuera del espacio público. Hemos llevado al fin la política al terreno de lo privado, ahí hemos puesto el foco, y ocurre que los asesinos pueden ser nuestras parejas y maridos maltratadores. Al romper ese eje, a los hombres se les ha descompuesto un bienestar extraordinario, el de hacer y deshacer en lo privado cuanto han querido, porque ahí no entraban ni el derecho ni el Estado apenas. En el entorno público genero normas que regulan mi relación con otros hombres, pero no con las mujeres, que hemos estado poco en lo público, con lo cual, al poner sobre la mesa esa dicotomía público-privado, imponen una organización de los espacios y los aconteceres falsa y absolutamente ventajosa para los intereses masculinos, al negar todo lo que nosotras aportamos a la vida; la maternidad, sin ir más lejos. Tratar estos temas sin que salga a relucir la propia experiencia familiar resulta casi imposible. Carece de relevancia pública.

La separación entre lo público y lo privado, que mantuvo durante siglos fuera de la política a la mayoría de las mujeres, es extraordinariamente significativa. El propio derecho, la artesanía que hemos generado los seres humanos para poder convivir, este gran invento de la humanidad —y no lo digo porque me apasione, sino porque es sensacional— se divide en derecho público y en derecho privado. Es una muestra más de la hegemonía de la perspectiva masculina en todo lo que se mueve en el mundo. El desmontaje de lo público y lo privado va a dar paso definitivamente a un planteamiento distinto, y, además, más real y muy interesante: la apuesta por la dicotomía entre lo personal y lo colectivo. El derecho consiguió entrar por fin en nuestra vida privada porque quienes estábamos desprotegidas éramos nosotras y los menores, y esta desprotección ponía de manifiesto graves carencias de justicia. El feminismo se encuentra ya en la tesitura de conseguir algo muy difícil: introducir en todos los planteamientos la perspectiva de la otra mitad de la humanidad que está pendiente de elaboración en muchos aspectos. Formalizar nuestras posiciones constituye una ardua tarea, que consiste en integrar los planteamientos del movimiento feminista y su propia posición política. La perspectiva masculina, que es la que conforma el patriarcado, acepta de la innovación solo la parte que le interesa, lo que está obligado a admitir para que sus propios cimientos machistas no se tambaleen. Pero solo eso. Comprar más al feminismo implica un giro demasiado drástico y perjudicial para ellos, aunque en ese giro drástico también hay un feminismo que no les suponía una excesiva incomodidad, precisamente el espacio de la incomodidad en el que entramos ahora. Por eso muchas feministas hablamos de un nuevo contrato desde que Carole Pateman y Louise Thompson Patterson, británica y estadounidense respectivamente, ya lo hicieran hace más de veinte años.

La historia de la humanidad está llena de ataques y contraataques y de tensiones a través de las que hemos conseguido ir avanzando. En el caso del choque feminismo-patriarcado, ya no hablamos de los desposeídos contra los que poseen poder, bienes e influencia. Esta vez es distinto. Nuestra revolución toca un elemento que, hasta ahora, ha sido completamente insalvable, y es que la reproducción de la especie depende de que los hombres y las mujeres nos relacionemos y encontremos acuerdos distintos y mejores.

Frente a la realidad del sistema patriarcal aún vigente, nosotras intentamos avanzar nuestras posiciones y adquirir nuevos derechos. Quisimos votar, ir a las escuelas, reclamamos tener salarios, poder divorciarnos, poder interrumpir el embarazo... Lo más importante de esas posiciones generadas era su carácter de nuevos derechos, porque de otra manera la lógica de la democracia a los hombres se les rompía. Si la democracia se basa en el poder del pueblo pero ellas no podían ser pueblo, si conlleva el derecho fundamental a la educación pero ellas no podían ir al colegio..., ¿de qué sistema democrático estábamos hablando? El patriarcado se vio obligado a aceptar todo lo que les rompía el esquema nuclear de la teórica democracia. En la actualidad, al menos una parte del mundo, a la que pertenece este país, ya ha aceptado estas premisas, pero hay otras que no, y eso nos obliga a dar el siguiente paso. Los envites a la democracia en el plano internacional van a acelerar procesos de acuerdo, para su defensa, desde posiciones feministas.

El sistema patriarcal se erige, por tanto, en prescriptor de una nueva feminidad, entre titánicos esfuerzos para continuar resistiéndose a cambios sustanciales que propicien una igualdad verdadera entre hombres y mujeres. Y por todo esto afirmo que estamos entrando, como decía, en la zona de conflicto. Si alguien pensó que el feminismo era un detalle menor para blanquear el patriarcado, se equivocaba. Entramos, por fin, a disputar cuestiones inmensas sobre las que se ha construido la democracia, y este déficit de participación e influencia de las mujeres se restaña. La historia es la que avala el discurso que las mujeres tenemos ahora. Porque lo ocurrido con nosotras a lo largo de los siglos es precisamente lo que el neomachismo y el campo conservador quieren olvidar. Les pasa también con el franquismo y la memoria democrática. No han querido entender que sacar a relucir estos temas, contar los vaivenes de la historia, forma parte de la práctica democrática, así que vamos a hablar una vez más de la opresión histórica en la que hemos vivido las mujeres. ¿Cómo no hacerlo? Estas son las cuestiones que se plantean el Derecho y la política para reflejar lo que está ocurriendo y hacia dónde nos dirigimos como sociedad. No vale conformarse suponiendo que el proceder habitual de la democracia nos vaya a servir para abordar nuevos retos. Aunque el tema es muy complejo, quizá la praxis democrática habitual no sea la adecuada para los nuevos desafíos sociales y políticos. La democracia, como todo lo humano, está siempre en ebullición; debe ir evolucionando y seguir planteando y resolviendo interrogantes.

Soy una optimista histórica. Hace treinta años el feminismo no daba las batallas que da ahora, éramos una minoría calificada de «radical», y, sin embargo, de repente estamos en la Política con mayúsculas, en la bolsa que políticamente cotiza. En los primeros años del siglo XXI hemos conseguido que nuestros asuntos sean nucleares en todo el mundo. Como ya afirmé en una ocasión, tendremos que estar vigilantes toda la vida, así nos lo avisaba Beauvoir. Aun así, la visión de lo que está pasando debe ser totalmente optimista. Miro la historia y me doy cuenta de que hace veinte o treinta años los objetivos del feminismo apenas aparecían en los medios. Eran batallas de contenido importantísimo pero de dimensión pequeña, porque las dábamos solo nosotras y éramos pocas.

Durante la última campaña electoral participé en Granada en un acto al que asistieron muchas mujeres y muchos compañeros del PSOE. Me presentaron diciendo: «Vamos a hablar ahora del feminismo que defiende el partido». Destaqué una vez más que el feminismo es el 50 % del socialismo en este siglo; es el 50 % de lo que debe hacer el socialismo por más de la mitad de la población del mundo. Todos los grandes debates ideológicos que ha desarrollado mi partido en los últimos veinte años han surgido a propuesta de las mujeres, y son los que de verdad importan y dotan de identidad al socialismo. «Este patrimonio político lo hemos aportado las mujeres militantes y las feministas del partido», recalqué ante un grupo enorme de mujeres. A los militantes les recuerdo que este nuevo estatus del feminismo lo hemos levantado nosotras, sus compañeras de partido, en connivencia con el movimiento feminista y la calle, y, claro, muchos compañeros convencidos. Y es que la deconstrucción del patriarcado es, en términos históricos, una revolución, pero no una revolución normal, es una transformación continua, diaria, de todas las estructuras.

La gran diatriba de la última campaña electoral en España han sido los problemas de las mujeres, porque debajo de la negación de la violencia machista hay un elemento mucho más sofisticado. Si la ultraderecha política aceptara la violencia machista, aceptaría la desigualdad, asumiría la historia de discriminación injusta que acompaña a las mujeres. Se han encontrado en la siguiente situación: «¿Qué debo hacer, como ultraderechista que soy, para no tener que implementar políticas de igualdad que alteren el orden patriarcal que defiendo?». Negar que la desigualdad existe —no vaya a tener que presenciar cómo se me desordena el patriarcado—, negar un elemento alegando un argumento falso pero aparentemente bueno: «Estoy en contra de todas las violencias», como todo el mundo podría suscribir, evidentemente. Para atajarlas debes analizarlas de manera específica, y resulta que hay una particularmente extensa, injusta e irracional, heredada de la historia del predominio de los hombres sobre las mujeres en todos los órdenes... la violencia machista.

Durante la pasada campaña electoral ha habido una contestación estupenda desde el movimiento feminista; desde las mujeres feministas que estamos también en el partido y desde una izquierda que se ha dado cuenta de que ahí había un nicho fantástico de mercado electoral, del que es objetivo la derecha fascista porque está desmontando el orden que ellos defienden. El Partido Popular, mientras tanto, ha asistido al combate sin saber muy bien qué hacer, hasta el punto de que este caudal extraordinario se lo ha llevado por delante. El propio Feijóo ha reconocido en esto parte de unos resultados que no cumplieron sus expectativas.

El feminismo, junto con el cambio climático, ha sido el núcleo de todos los debates, algo de capital importancia porque no había ocurrido hasta ahora con tanta claridad y contundencia. El voto de las mujeres y su distribución en los diferentes partidos ha sido capital para entender los resultados y toda la situación posterior. El movimiento feminista español es poderoso y se ha visto capaz de batallar políticamente contra la derecha. Sí, el feminismo en España se ha enfrentado a la derecha en las últimas elecciones generales.

La democracia deberá seguir transformándose y adaptándose a la realidad. Quizá no sirvan ya todas las antiguas fórmulas. Muchas de nuestras cuestiones ya no van a ser debatidas como lo han sido hasta ahora. Para el feminismo, una vez colocado en el centro de los grandes debates políticos se abren unas cuantas vías muy muy curiosas. Por fin todos tenemos derecho a debatir, por ejemplo, todos tenemos derecho a posicionarnos y todos tenemos derecho a votar; la política del siglo XXI está entrando en terrenos inexplorados. ¿Qué será lo siguiente? ¿Hasta dónde llegaremos? Son preguntas que debemos hacernos y para las que aún no tengo respuesta. Se han dado algunos ensayos interesantes. Hemos podido hablar por la gente racializada, por ejemplo, pero lo que querían esas personas era hablar ellos. Queríamos defender sus derechos, pero ellos mismos reclamaban voz propia, tener escaños y poder, y ya va ocurriendo. ¿Cómo vamos nosotras a aplicar y ejercer el feminismo?

Hablamos de elaborar un nuevo contrato social y político, el primero donde seríamos protagonistas, portavoces de nosotras mismas y representantes también de nuestra propia perspectiva, que se origina en nuestra experiencia histórica, en todo lo que nos ha tocado vivir como mujeres, siempre en posición de desventaja, en ese lugar de inferioridad reservado para nosotras en todos los tiempos, en todas las culturas, en todas las religiones, en todos los estados y en todos los lugares del planeta. Sin ir más lejos, como señalé con anterioridad, en toda nuestra historia constitucional solo hemos tenido a una mujer en la elaboración de una constitución, a Campoamor en 1931. En la de la Constitución vigente, tan benéfica en todos los sentidos en la reciente historia de nuestro país, no hubo ninguna. Esto no volverá a ocurrir.

Llama la atención que, en cada cultura, el despertar de la conciencia feminista haya generado su propio formato. En el mundo árabe las mujeres están en la línea de atrás de la vida pública, pero irrumpen ya en lo público con situaciones de hostigamiento muy difíciles con sus mártires incluidas. En el puzle de los estados africanos, las mujeres son las que han tirado hacia delante en muchas realidades sociales y políticas. He conocido presidentas de gobierno y jefas de Estado de países africanos todopoderosas en sus naciones. A diferencia de los países árabes, donde no es posible que salga una mujer a gobernar, en África ocurre. Las africanas parten de una realidad mucho menos estructurada que la del mundo árabe en general, que, con una religión poderosa, controla la lógica política. El mundo africano es un crisol donde convergen indigenismo, religiones particulares, parte del mundo cristiano y parte del musulmán. Se ven obligadas a demostrar su fortaleza sin apenas recursos para sacar adelante sus vidas. Cuando ellas demuestran esa resistencia, empieza el cambio. Son conscientes de sus fortalezas, de su inteligencia y su valía, y así han llegado hasta la primera línea en países como Liberia o Sudán... Me he reunido con estas mujeres muchas veces y me quedo sin adjetivos para definir su grandeza, el poder personal que destilan para superar obstáculos librando batallas brutales contra la ablación del clítoris y los matrimonios infantiles, lo que más preocupa en África. Están luchando por implementar códigos civiles con topes de edad, para evitar que casen a las niñas con nueve, diez, once años... He negociado mucho con ellas, y en ocasiones ha resultado muy duro verme en la tesitura de parangonar nuestros problemas en Europa a los que ellas deben afrontar cada día. Me contestaban que no, que nuestros avances son sus avances —«vosotras avanzáis, nosotras avanzamos»—, dándome lecciones de solidaridad. Las mujeres africanas se encuentran en estadios muy anteriores a los nuestros en lo que respecta a derechos. Sin embargo, con el referente de nuestra lucha feminista están avanzando a gran velocidad. Cada uno de nuestros logros las legitima para reivindicar el siguiente paso en otros lugares del mundo.

Todo esto significa que solo hay una revolución en marcha, la de las mujeres en el mundo, y un peligro inminente, el de las incógnitas que se nos plantean a la humanidad con el cambio climático. Viendo los hechos, todo lo demás es secundario. Ambas cosas abarcan la idea profunda de la democracia, una por equidad entre hombres y mujeres, y la otra porque no tenemos ningún derecho a no entregarles un planeta habitable a los más jóvenes. Debemos seguir trabajando por un espacio de conciliación en el que las mujeres y los hombres seamos esencialmente iguales en derechos, en igualdad de trato y en igualdad de oportunidades; erradicar de una vez por todas las desventajas intrínsecas con las que partimos las mujeres, y que no nos exijan como ciudadanas de pleno derecho ni más ni menos que a los varones.

La democracia debe avanzar en dirección a la reparación de la injusticia de la que venimos las mujeres. Para conseguirlo es necesario resolver el pasado, porque de este asunto lamentablemente hemos tirado las mujeres solas durante todo el siglo XX. Ahora se empiezan a romper algunas costuras, y es que el feminismo del siglo XXI es para mí, y supongo que para otras tantas mujeres, socialismo puro. Con una verdadera igualdad de trato, conseguida en consenso, por negociación, empezará a construirse un mundo diferente. Supondrá la realización de un contrato que en realidad nunca ha existido. Es difícil adelantar cómo se llevará a cabo. ¿Renunciará finalmente el patriarcado a sus privilegios? ¿Serán derrocados sus planteamientos por el huracán feminista? Ya lo estamos viendo. ¿Los hombres van a seguir siendo como son? Porque por fin algo está cambiando. ¿Cómo serían si no existiera el patriarcado? Imaginad que no existiera, que nunca hubiera existido. ¿Cómo seríamos nosotras?

Termino insistiendo en la certeza de que esa igualdad entre hombres y mujeres concierne al sistema, a todos los hombres y mujeres demócratas, y sus contenidos más avanzados se situarán siempre en el campo del pensamiento progresista, y ahí estará el feminismo hablando sin retroceso en el siglo XXI.

EPÍLOGO

Si has llegado hasta aquí, gracias. Como advertí al inicio de este libro, mi intención era recorrer un camino que está en la historia del movimiento feminista, y en general de la lucha de las mujeres, con un hilo conductor —a mi juicio, el más determinante—: el cuerpo. Nuestros cuerpos en su integridad y libertad, en la pertenencia y autonomía. Bajo el mandato exclusivo de nuestra libre voluntad está la clave de todo. Nuestros cuerpos, diferentes a los de los varones, biológicamente más implicados en la reproducción, han sido el campo de batalla sobre el que se ha asentado sin respeto, sin justicia ni equilibrio entre coste y beneficio, todo un sistema. El patriarcado, que conteniendo lo político, lo social, lo jurídico, lo cultural, es decir, abarcándolo todo, nos ha colocado a las mujeres en posiciones de subordinación injustificables siempre. En nuestro cuerpo, el espacio donde recaen todos los mandatos que nos han condenado a los lugares donde hemos permanecido a lo largo de la historia, y el espacio también donde la otra mitad de la humanidad ha construido todas sus ventajas, incluidas aquellas en las que incluso se vulnera nuestra propia naturaleza. Podría parecer, en estos tiempos aparentemente tan evolucionados y donde tantos piensan que la igualdad está alcanzada, que los cuerpos de las mujeres han sido rescatados para nosotras, y no es así.

La violencia específica contra nosotras existe y no decrece. El aborto no está garantizado como un derecho sobre nuestros cuerpos y maternidades libres en todo el mundo. La prostitución existe y se extiende bajo la falacia de la libertad. Las violaciones y los delitos contra nuestra libertad sexual son paisaje cotidiano e incluso forma de arma de guerra en zonas de conflicto. Los vientres de alquiler se inventan, entre comillas, para seguir mercadeando sobre nuestros cuerpos. Es determinante comprender que esta es la realidad y el símbolo de un mundo que no acaba de aceptar lo que somos y cómo somos, que no acaba de respetar nuestra realidad construida como todas las de la historia, con historia y concepto. El Estado moderno nos excluyó en sus inicios como ciudadanas y esta lucha no ha concluido. Queremos ser aceptadas con todas y cada una de nuestras características y de nuestra historia vivida. Seguimos construyendo con mucha dificultad nuestras realidades: la maternidad, el trabajo remunerado igual que el de los varones; en síntesis, nuestra participación igualitaria en todos los órdenes. Porque solo así llegaremos al otro espacio, aquel en el que podamos aportar más novedades a un mundo que es nuestro, tan nuestro como debiera haber sido siempre. Nuestra historia es la historia de la mayor injusticia en la democracia, la que sin duda facilita el avance.

Y a ello están convocados los hombres demócratas. Han sido pocos a lo largo de la historia, ahora son muchos más. Espero que aprendan a cambiar su conciencia para entender el nuevo camino. Gracias también a ellos, particularmente a los que con sinceridad y rigor ético han llevado a cabo su propia revolución personal para ser compañeros reales. El futuro será de quienes inexorablemente entiendan la igualdad. Así, sin trampas. Las mujeres no somos un sentimiento, sino una realidad humana que ha sufrido y que sufre, y a la que, en cualquier lugar del mundo, le queda demasiado por conquistar en materia de derechos humanos y democracia. Debemos tener clara la estrategia, es el único camino. El feminismo nos convoca a todas, pero también a ellos.

Gracias por último a un padre, el mío, que vio en mi madre sobre todo a una mujer inteligente. Yo estuve allí, aprendiendo. Y como en este libro también está mi vida, espero, con el corazón entregado a Teo y Otto, a los hombres que serán aliados de las mujeres. He navegado toda una vida entre mi madre, ejemplo de lo importante, y mi querida hija, que realiza cada día la vocación de libertad de su abuelo y de su madre.

BIBLIOGRAFÍA Y WEBGRAFÍA

Bibliografía

Campoamor, Clara, *El pensamiento vivo de Concepción Arenal*, Sevilla, Renacimiento, 2013.

Casas Sánchez, José Luis, *Amazonas de la República: las primeras diputadas, 1931-1936,* Barcelona, Editorial Base, 2016.

Ernaux, Annie, *Pura pasión,* Madrid, Tusquets, 2019.

Lejárraga, María de la O, *Una mujer por caminos de España,* edición de Juan Aguilera Sastre, Sevilla, Renacimiento, 2019.

Rodrigo, Antonina, *Mujeres olvidadas. Las grandes silenciadas de la Segunda República*, Madrid, La Esfera de los Libros, 2013.

Shinoda Bolen, Jean, *Las diosas de cada mujer: Una nueva psicología femenina*, Barcelona, DeBolsillo, 2010.

Stuart Mill, John y Taylor Mill, Harriet, *La esclavitud femenina* y *La emancipación de las mujeres*, Madrid, Clave Intelectual, 2022.

Woolf, Virginia, *Una habitación propia*, Barcelona, Austral, 2016.

Webgrafía

Agencia EFE, «Los prejuicios contra la mujer apenas se han reducido en la última década, según la ONU», *La Vanguardia,* 12 de junio de 2023. Consultado en <https://www-lavanguardia-com.cdn.ampproject.org/c/s/www.lavanguardia.com/vida/20230612/9034156/prejuicios-mujer-apenas-han-reducido-ultima-decada-onu.amp.html>, junio de 2023.

Campo, Pilar, «Sentencias pioneras en Asturias: violaciones en el matrimonio, abusos y votos particulares», *La Voz de Asturias,* 29 de abril de 2018. Consultado en <https://www.lavozdeasturias.es/noticia/asturias/2018/04/28/sentencias-pioneras-asturias-violaciones-matrimonio-abusos-votos-particulares/00031524936881167429775.htm>, junio de 2023.

Jiménez, Irene, «Pardo Bazán 'usurpó' lo masculino al reivindicar el deseo sexual femenino», *El Correo Gallego,* 27 de octubre de 2021. Consultado en línea en: <https://www.elcorreogallego.es/tendencias/pardo-bazan-usurpo-lo-masculino-al-reivindicar-el-deseo-sexual-femenino-AD9410323>, octubre de 2023.

Martín, Sara, [@cerebrodeleche_saramartin], *Instagram,* 14 de agosto de 2023. Disponible en <https://www.instagram.com/cerebrodeleche_saramartin/>.

Mesa Leiva, Eduardo, «Emilia Pardo Bazán, conservadora y feminista radical», *La Vanguardia,* 20 de febrero de 2020. Consultado en <https://www.lavanguardia.com/historiayvida/historia-contemporanea/20200220/473660757618/pardo-bazan-escritora-carlismo-feminismo.html>, agosto de 2023.

Nielfa Cristóbal, Gloria, «La difusión en España de El Segundo Sexo, de Simone de Beauvoir», *ARENAL. Revista de historia de las mujeres,* vol. 9, núm. 1, 151-162, enero-junio 2002. Consultado en <https://revistaseug.ugr.es/index.php/arenal/article/download/16542/14073/47797>, agosto de 2023.

Redacción, «Montero se defiende ante la crítica de Sánchez, e Iglesias bromea: "No molestéis a los señores"», *InfoLibre,* 19 de junio de 2023. Consultado en <https://www.infolibre.es/politica/montero-defiende-critica-feminismo-incomodo-sanchez-e-iglesias-bromea-no-molesteis-senores_1_1528389.html>, junio de 2023.

Robles, Francisco, «María Lejárraga, socialista en femenino singular», *El Independiente de Granada,* 16 de abril de 2018. Consultado en <https://elindependientedegranada.es/politica/maria-lejarraga-socialista-femenino-singular>, junio de 2023.

Sánchez, María B., «Marido, cocina e hijos. Las *tradwives,* el movimiento ultraconservador que devuelve a la mujer al hogar», *Yo Dona,* 14 de abril de 2023. Consultado en <https://www.elmundo.es/yodona/actualidad/2023/04/14/6437cfb3e4d4d813548b45c9.html>, julio de 2023.